小公司财务术

降本增效，掌控好现金流与税金

赵涛　赵彦锋◎著

江西美術出版社
全国百佳出版单位

图书在版编目（CIP）数据

小公司财务术 / 赵涛，赵彦锋著 . -- 南昌 : 江西美术出版社，2020.1
ISBN 978-7-5480-6897-6

Ⅰ. ①小… Ⅱ. ①赵… ②赵… Ⅲ. ①中小企业—财务管理 Ⅳ. ①F276. 3

中国版本图书馆 CIP 数据核字（2019）第 044368 号

出 品 人：周建森
企　　划：北京江美长风文化传播有限公司
策　　划：北京兴盛乐书刊发行有限责任公司
责任编辑：楚天顺　李小勇
版式设计：尹清悦
责任印制：谭　勋

小公司财务术
XIAO GONGSI CAIWU SHU

著　　者：赵　涛　赵彦锋

出　　版：江西美术出版社
地　　址：江西省南昌市子安路 66 号
网　　址：www.jxfinearts.com
电子信箱：jxms163@163.com
电　　话：010-82093808　　0791-86566274
邮　　编：330025
经　　销：全国新华书店
印　　刷：北京柯蓝博泰印务有限公司
版　　次：2020 年 1 月第 1 版
印　　次：2020 年 1 月第 1 次印刷
开　　本：710mm × 960mm　1/16
印　　张：14
ISBN 978-7-5480-6897-6
定　　价：49.80 元

前　言

Preface

小公司是指注册资金少、人员少、销售额少、产值少的公司。在“大众创新，万众创业”的今天，很多人投入商海，走上了创业的大道。注册公司资质，确定公司的经营方向，引进人才，一家小公司便问世了。但是如何打理公司，管好公司，让公司顺利地扬帆起航，在商海中乘风破浪前行，很多小公司的老板却感到心中没底，一片茫然。

有些小公司管理者想当然地认为，只要跟紧市场动态，抓好生产经营，抓住产品质量，抓住营销和销售，公司就会经营顺利，就会有收入，就会有利润。然而他们忽视了一个重要的环节——财务。生产经营固然重要，但财务管理也不可忽视。财务制约着公司的钱脉，忽视财务的作用，公司经营将处于十分困难的境地，甚至无法运转下去。

曾参加东方卫视创业真人秀节目《创智赢家》，现为创丰资本创始人的彭震，就有“创业须财务先行”的亲身感受。彭震大学毕业后创办了一家小型公司，在他和创业团队的共同努力下，公司顺利完成了两个比较大的项目，实现了相当可观的赢利。然而正当彭震和他的同事们欢欣鼓舞时，由于经验的缺乏和对财务的一窍不通，使得公司的发展变得艰难，甚至还一举击溃了他们好不容易建立起来的基业。一方面很多货款没能追讨回来，另外一方面公司的债主不断找上门来追讨欠款，公司陷入了资金周转不灵的困境，无法运转下去。那一年春节，彭震甚至连老家都不敢回，瞒着父母躲在上海朋友的家里吃着方便面过年，过着一个月消费100多元的窘迫生活。

“我的钱花在哪儿了？”“为什么收入不少却没利润？”这些看似不应成为问题的问题，却是目前很多小公司的创业者、经营者最大的困扰。对于初创的小公司来说，财务制度的建立和科学的财务管理极为关键。只知道一门心思地生产、销售，不在意财务，对财务持轻视、冷漠的态度，认为不懂财务也能开好公司，那么最终肯定会被财务这张“算盘”绊倒。当然，小公司有小公司的特点，财务管理要针对小公司的特殊性展开，不能一味照搬大公司的经验模式。

那么，小公司在经营中主要有哪些财务管理上的问题呢？小公司经营决策权和所有权高度集中，老板往往就是最大的股东。自己出资，自己经营，资金使用上存在一定的随意性，因而在财务管理上要注意加强监督。与大公司不同，小公司融资渠道狭窄单一，在商业银行申请贷款也相当困难，若是轻率地使用利率很高的民间借贷，那就会大大增加公司的经营成本，因而在财务管理中要保护好现金流，注意降低成本，加强账款回收，合理借贷。相比大公司，小公司一般很少设立完善的、适合自身的规章制度，包括财务岗位的职责管理制度、奖励与处罚制度、财务人员的培训与考核制度。而且主观性和随意性较大，容易产生经营风险和财务风险，理财意识淡薄，没有吃透国家、地区、行业的税收政策，没有掌握必要的节税、避税技巧，导致没有享受到优惠政策，损失了不必要的金钱。

综上所述，小公司规模小，钱财少，底子薄，抗风险能力弱，更应该重视财务工作，加强财务管理，在财务上为公司安全、稳定以及持续经营打造一面坚固的“防火墙”。本书紧扣小公司的经营特征，立足中国本土小公司的生存现状，从财务规划、资金运筹、现金掌控、账款回收、成本控制、严控浪费、节省开支、员工增效、合理节税等诸多层面，深入浅出地探讨小公司财务管理工作中所遇到的问题，同时提供一系列有针对性、实用性、可操作性的财务管理策略和技术，从而为管理者、各级经理和财务人员搞好财务工作指明方向。

小公司虽小，但也“五脏俱全”，财务部门不可缺少，财务管理举足轻重。唯有重视账务，管好财务，与生产、管理、营销多管齐下，小公司才能夯实内功，增强抵抗风险的能力，增强市场竞争力，才能在波涛汹涌的商海中度过风险，高枕无忧，稳步前行，立于不败。

目 录

Contents

第一章

兵马未动粮草先行，

管好公司钱匣子

战争中作战强调“兵马未动，粮草先行”，意思是出兵之前先准备好粮食和草料，以解决军队的后顾之忧。公司管理也同样如此，即如果其他经营工作开展得很顺利，财务却十分混乱、漏洞百出，那就会使公司所有人的努力付诸东流。财务决定公司的兴衰，决定公司的生死。

财务管理牵一发而动全身，要管好公司，必先管好财务。管好钱财，用活钱财，是小公司管理者必修的重要一课。

公司财务，牵一发而动全身

什么是财务？财务是企事业单位进行的有关财产的管理或经营以及现金流入流出的核算、保管等事务，是用来盘算、清点、整理、掌控公司财产不可或缺的手段。公司财产是通过财务来真实了解公司的运行情况来估算的。

财务，是公司经营中的一个重要步骤，它需要公司的管理者加以重视。其意义在于：

一方面，它包括了对“赚钱”含义的清楚认识，也包括对资金投向、资金的使用效率、所面临的风险等关键问题的判断与把握，要求做到妥善、高效，跟得上现代公司日新月异的步伐。

理财方式的不断更新与发展变化是一个公司能够生存与发展的必由之路。作为公司的管理者，自然在公司的经营与管理之中起着举足轻重的作用，具有不可替代的地位。Money（钱），Capital（资本），Value（价值），这几个简简单单的英文单词的排列组合，其效果却是如此地立竿见影。它是立业之本，又是发展之路。它们充满诱惑、充满风险，自然也充满挑战。“水能载舟，亦能覆舟”，财务管理是水，公司必定是舟。

另一方面，财务管理已经不再是传统的“管账”，不再是仅仅具有会计上的含义，其重要意义可以贯穿到公司每个阶段，从成长到成熟乃至再到衰退，影响到公司产品开发、产品生产、经营、销售、人事任免，等等。对于公司来说性命攸关的每个方面，从传统公司中的微观管理发展到现在的兼顾微观与宏观两个方面的管理与调控。

公司辛苦所得的任何一笔收入，无论大小，都要记录在财务部门；公司所需的任何一笔资金，同样无论大小，都得从财务部门支出。

财务是公司的窗口，反映公司的经营动态、利润盈亏；财务部门是公司的“眼睛”，公司资金一分一毫的增减都逃不过它锐利的“目光”；财务人员是公司的“手”，掌握着公司的财产和钱袋。通过对公司财务的有效管理，管理者就能清楚公司的资金流向，就能随时了解公司是盈利还是亏损，赚了多少钱，亏了多少钱，还有多少钱没有收回来，哪里多花了钱，哪里少花了钱，一年下来公司获得了多少利润，耗费了多少成本，公司目前维持经营的资金充足吗？等等。据此，管理者就可以找出公司经营中的问题和漏洞，从而调整决策和计划，改进和完善经营管理工作，确保公司在生产经营过程中步步为营，始终朝着正确的方向前行。

财务工作，是公司生存和发展的支点，在公司之中起着牵一发而动全身的作用。

做公司就是做数学，管理就是管数字

中国很多公司的管理者在经营和管理的过程中，都带有浓厚的文学色彩，在不知不觉中运用着文学的表达方式，总是用很多形容词和感叹词来描述市场的状况、公司的前景以及经营的计划。比如，很多管理者经常说市场前景一片大好，增长率持续上涨，提升空间颇大，消费者很喜欢我们的产品，客户满意度相当高。又如，我们经常描述公司运营设备一流，各部门工作井然有序，大家充满信心努力完成任务等。

仔细一想，相当一部分管理者在说话、工作、开会的时候，真的在不知不觉说着这些词语，其实这些词语在公司的数字面前是毫无说服力的。

其实公司真正所有的是数字，各项成本支出是数字，营业收入是数字，薪资奖金是数字，合同条款是数字，绩效考评的是数字……公司经营的每一天都是由数字组成的，所以管理者的工作也应该把经历和时间都聚焦在用数字管理上。实际上做公司就是做数学，管理就是管数字。

其中最重要的数字有三个：1、9、10，1就是利润，9是成本，10是收入。10-9=1，也就是：收入－成本=利润，这就是公司的管理公式，也是管理者必须高度重视和管理的数字。

数字1相当于10%的利润，数字10代表着开源。目前，大多数公司管理者都比较重视市场，重视营销，重视客户，公司经营的重点都围绕着业务导向、增加收入进行。

但是在打扫完前面的战场以后，管理者往往忽略了他们的身后，可能已经变成了一片狼藉。赚来的钱，市场营销拼出来的市场，最后因为没有削减成本，因为这个数字9没有管理好，造成严重浪费，若是重复购买甚至决策错误，最终还会造成严重亏损。

试想，如果管理者活在文学当中，活在自我陶醉当中，活在自己认为的经营状况当中，不去关注数字，不去采取措施把9减成8，把8减成7，不了解公司现在到底是10-9=1，还是10-10=0，甚至有的时候可能已经是10-12=-2，那结果必然是亏损。

公司不赢利，必死无疑，松下幸之助曾说过一句话：“管理者的使命就是赚钱，如果不赚钱那就是犯罪。”所以，一个赚了钱的管理者才能够为公司创造利润，才能够给客户创造价值，才能够给员工提供更好的福利和待遇，才能够为社会做出贡献，才能够促进整个经济的发展和繁荣，等等。相反，如果管理者不赚钱，肯定会给社会、给家庭、给个人、给团队、给员工造成严重的伤害。

很多管理者往往不知道数字9意味着什么，不知道如何去控制成本、削减成本。他们只知道拼命地干活，只知道加班加点，自我感觉好像生意很好，但是坐下来仔细一算，却不知道钱到哪里去了，没见到利润。所以，管理者要少用形容词，多用数字，严控成本，增加利润。

财务紊乱，资金断流，公司翻船

“有没有财务管理有什么关系？反正挣多挣少我心里有一本账。”这是很多小公司管理者共同的想法。但事实却不是如此，没有规范的财务管理，就无法对公司的投资额和资金流量有一个准确的评估。完全按照管理者个人的感觉投资生产，并且对于每月的收支没有一个准确、清晰的比率，会造成大量的资金积压和成本的消耗，公司的长远发展也会受到严重制约，甚至会因此倒闭出局。

科技型小公司因其自身特点，发展比较快，但在这种快速成长中尤其要提防资金链断裂，使一切美好化成泡影，上海复旦数码科技有限公司就有过这样的经历。

作为MP3等数码产品的生产商，复旦数码拥有较强的研发团队，并在多年的销售过程中深深感受到国美、苏宁、大中等卖场在数码销售市场的潜力。2004年，复旦数码抓住了一个极好的机会，成为卡西欧数码相机专供国美的供货商。为了做好在国美的销售，复旦数码组织了一支销售队伍，包括管理人员、督导和促销人员等。专业的团队、细致的工作、卡西欧的支持、与国美的紧密配合，使得复旦数码的努力很快就取得了成绩，卡西欧数码相机在国美的销量呈直线上升趋势，迅速成为国美数码相机销售名列前茅的品牌。

复旦数码的专业销售能力引起了其他知名数码相机品牌的注意，2004年年底，一个令人振奋的消息让在复旦数码上海总部开会的各地销售主管激动不已——公司要新加一个合作厂商。该合作伙伴是全球知名数码相机品牌，复旦数码负责该品牌数码相机在国美全国的销售。把公司发展为数码相机销售的领导者之一，成为复旦数码的目标。可让大家没有想到的是，在绝好的商业机会到来的同时，公司资金链却发生断裂，使一切美好成为泡影。

按照双方合作的约定，第一个月复旦数码的任务是800万元左右，可以在一个月内分次提货，也就是说首次提货只要二三百万元。由于一些突发的事情，预计中能筹集到的1000万元左右的资金却迟迟不到位。因此，复旦数码没能进货。雪上加霜的是，公司其他方面急需资金，只好把卡西欧数码相机的部分资金用到其他项目上，从而影响了卡西欧数码相机在国美的销售。

进入2005年，复旦数码的资金问题依然没有解决，于是，合作厂商选择了一家知名分销商作为自己的产品在国美的新供货商。复旦数码不仅失去了新合作厂商，也失去了与卡西欧继续合作的机会。

复旦数码的一位前管理人员非常惋惜地说，如此好的商业机会就这样错失了。春节期间，各个品牌的数码相机在国美、苏宁等家电连锁卖场销售火爆，可这已经与复旦数码无关了。商业竞争就是这么残酷，最后，当复旦数码的资金到位时，一切已经无法挽回了。

很多管理者常对现金流入的状况预计得太理想，结果资金周转不灵，造成资金链断裂，即使事业有了起色，也撑不到业务起飞。其实，在公司的财务规划上，自有资金至少应该占60%，而且短、中、长期的资金应该划分清楚。

兵马虽未动，粮草须先行

财务是公司的大后方，钱财就是公司的粮草，公司启动经营项目前，要先敲定财务计划，准备好钱财，做好资金配置。

公司的资金配置，就是怎样将有限的资金发挥到最大作用的、最能带给公司利润的事情上去。通俗地讲，就是用最少的钱办最多的事。人才、资金、技术、信息都是现代公司重要的生产要素，而资金由于其可计量性和管理手法成熟等特点，往往成为判断公司管理效益的首要指标。优化公司资金的内部管理，合理配置资金，对公司利润的增长有极为重要的意义。

很多公司的财务管理都滞后于项目启动，资金的分配极为不合理，存在着如生产环节费用少、管理费用多等各种弊端。这些问题充分暴露出公司在财务制度和财务工作上存在的漏洞。

财务管理漏洞是当前很多公司中存在的突出问题。如果说财务计划、财务监督等方面不完善是由于制度建设不够而产生的客观问题，那么财务管理漏洞的主观性则更突出一些。我们所知道的已破产的国企——哈尔滨阿城糖厂，就是财务管理混乱的典型。该厂的人员从农民手里收购甜菜是每吨100多元，到了厂里就变成了每吨356元，谁也说不清楚这中间的差价是怎么来的。在该厂破产以后，清理人员在横七竖八摆放的账本里查出1665万元的银行账款不知去向，财务混乱情况可见一斑。

“兵马未动，粮草先行。”公司要重视财务管理，在经营活动开始前，要制订好财务计划，以便在经营过程中能够掌握资金的来龙去脉，堵住资金使用上的漏洞。财务计划是联结采购、生产、销售、行政管理等计划的中心环节，应该在公司经营计划中处于核心地位，是实现公司经营目标的根本保证。公司财务计划包括一般性的支出约束和具体项目的财务核算两方面，前者是为了维持公司内部的经营秩序，后者则表明了财务部门对公司决策的态度，任何一个大的项目都是需要财务进行可行性分析的。

公司经营不应该只停留在追求收入、利润上，更重要的是要懂得怎样统筹和运用资金，使其发挥最大的效用。

对于在激烈的市场竞争中艰难前行的小公司来说，更要注重财务管理，小到圆珠笔、记事本、纸张等办公用品的花销，大到生产设备、材料的购买，处处都要纳入财务计划中，做好财务预算，全力避免“不该花钱的时候乱花，该花钱的地方没钱花”的情况发生。在学会使资金收益最大化的漫漫征程上，财务管理是小公司极为重要的第一课。

打造“防火墙”，防范财务风险

财务安全与成功是公司生存和发展的基础，随着市场竞争的日益激烈，公司财务风险扩散、危险加剧。作为小公司，要想积极应对新经济环境所带来的冲击，必须完善公司财务风险预警机制，加强对财务风险的控制。

防范公司的财务风险，小公司应抓好以下几项工作：

1．改变陈旧观念，从思想上重视财务管理

长期以来，中国公司的财务工作与会计工作一直未能很好地分开，财务管理从属于会计工作，“财务管理跟着会计核算走，会计核算跟着领导意志走”，财务管理的内容也往往仅限于营运资金管理。在许多学者认为财务管理已取代生产管理成为公司管理核心的今天，这种状况必须改变。激烈的市场竞争和生存压力将迫使公司调整、转变过去陈旧的管理观念。为此，公司应自上而下形成重视财务管理的风尚，重视财务预算、营运资金管理、财务控制等工作，紧紧围绕公司目标，从大局上把握公司经营，提升公司财务管理层次。

2．树立风险意识，健全内控程序，降低负债的潜在风险

例如，订立代销合同前应严格审查对方的资信状况、经济实力、偿还能力；订立合同时适当运用保证责任的免责条款；订立合同后应跟踪调查对方的销售情况，加强催款力度，减少直接风险损失；等等。

3. 科学地进行投资决策

投资决策是公司所有决策中最为关键、最为重要的决策，投资决策失误是公司最大的失误，一个重要的投资决策失误往往会使一个公司陷入困境，甚至破产。要避免在规模上盲目追求多元化的倾向，科学地进行投资决策。

对小公司而言，主要做好以下两点：首先，必须明确投资是一项经济行为，在进行投资决策时克服“政治”“人际关系”等因素的影响；其次，在进行投资决策时，还应搞好投资预算，充分考虑到投资项目所面临的风险，做好投资项目现金流量预测。只有充分考虑了货币时间价值和投资风险价值的投资决策，才是较为科学的投资决策，才能取得良好的效益。

4. 加强流动资金管理

流动资金管理包括现金管理、存货管理和应收账款管理等。加强现金管理主要是在国家有关规定的范围内，做好日常收支，加快现金周转速度，控制现金持有规模。针对传统上中国公司往往倾向于持有较多的存货，占据公司的资金和空间，增加管理成本的情况，小公司可引进最佳订货（生产）批量模型，加强订货提前期、保险储备量的控制，降低存货成本。

现代市场经济本质上是信用经济，信用销售已成为公司间交易的主流方式，因而应收账款管理始终是财务管理的重要内容。小公司必须改变只注重销售业绩，忽视应收账款的控制状况，加强应收账款管理，在日常经营活动中注重对客户的资信调查工作，并提高信用分析能力，控制应收账款规模。同时采取各种措施，尽快追回长期拖欠的账款。

财务风险客观存在于公司财务管理工作的各个环节，公司财务活动的组织与管理过程中的某一方面和某个环节的问题，都可能促使这种风险转变为损失，导致公司盈利能力和偿债能力的降低。

因此，建立预警机制、采取风险策略、提升管理水平，从财务管理的各个环节重视财务风险的防范工作，对降低和化解财务风险，提高公司经济效益具有重要意义。

抓好搂钱的耙子，管好盛钱的匣子

“抓好搂钱的耙子，管好盛钱的匣子”，意思是既要会生财、聚财，又要会用财。作为公司的管理者，不仅要善于经营，更需要懂得如何去理财，如何配置极为有限的资金，如何以有限的资金来创造更多的利润。

在绝大多数管理者眼中，最容易被忽略的恰好是公司资金的积累，经营过程中对资金的巧妙运用，以及资金的合理分配，也就是忽略了公司资金的理财活动。一味地追项目、为项目追钱，结果越追越累，越追越辛苦，甚至被钱远远地抛到后面。

公司理财区别于普通意义上的个人理财，它不仅要求公司管理者懂得节流，同时要求管理者懂得如何运用手中有限的资金去开源。因为公司理财是围绕资金运动展开的。资金运动作为公司生产经营主要过程和主要方面的综合表现，具有最大的综合性。而掌握了资金运动，犹如牵住了公司生产经营的“牛鼻子”，牵一发而动全身。

在公司财务管理的范畴内，如何直接影响公司发展的稀缺资源——资金，达到最有效的配置，这就是公司的理财活动。一个公司理财能力的大小，直接关系到这家公司的兴衰。对大公司来说是如此，对小公司更是如此。

一个公司项目的开发和确立要求管理者有独到的眼光和敏锐的市场洞察力，但缺少资金的支持，再好的项目也只能眼睁睁看着它与自己擦肩而过。

仔细分析优秀公司管理者的经历，不难发现一个共同点，就是他们对公司的资金有着极强的控制能力，有着灵活运用和调配资金的能力，而这种能力的产生正是来自他们本身具备的良好理财能力，并且可以让这种理财能力准确无误地应用到公司的理财活动中。

所以，作为小公司的管理者，不能只盯着生产经营，还应当留心公司的钱财动态，对公司的资金动向了如指掌，合理协调和调配资金，开源节流，严控成本，力求以最少的资金投入获得最大的利润。唯有如此，公司才能不缺钱花，保持稳定、充足的现金流，获得持续经营的财源支撑。

小公司管理者要有现代财务观念

爱多VCD想必大家都很熟悉，这个品牌在20世纪的最后几年可谓是风光无限。但最终由于资金状况紧张，导致长期拖欠供应商、代理商资金。在供应商、代理商不断催款的情况下，公司总经理胡志标明知其银行账户资金不足，仍采取了开空头支票的办法。一般支票的兑付期限都是10天，而爱多公司开出的支票期限长达3个月。即使这样，由于资金紧张，空头支票到期后仍然无法兑现。供应商和代理商们再也坐不住了，于是将爱多公司及其总经理胡志标告上法庭。最终，爱多公司倒闭，胡志标本人也以票据欺诈罪及另外两项罪行被判入狱。

导致这样结局的一个重要原因，是胡志标缺乏财务管理方面应有的知识，致使公司的资产负债率高达188%，真是“无知者无畏”。据有关媒体报道，只有高中毕业文凭的胡志标后来在监狱中自学财务，非常注重公司管理知识的学习。也许忽视财务的惨痛教训对他来讲真的太大了，商界奇才的遭遇令人扼腕痛惜。

由此可见，具备现代财务观念，熟悉财务知识，掌握财务管理技术，对管理者是多么重要。在现代市场经济条件下，从理财的角度来看，作为一名小公司的管理者，必须树立三个观念：

第一，树立专业化经营观念。

小公司规模小，实力相对较弱，公司的资源有限。加之现代科学技术进步快，技术更新周期短，在这种情况下，小公司必须集中有限的资源，努力在某一个行业做实、做精、做强，这是公司的立身之本，也是公司理财的基础。

第二，树立财务风险观念。

充分利用财务杠杆的积极作用，是许多管理者的良好愿望。然而，财务杠杆的积极作用，是以借贷资金的收益高于资金成本和公司的偿还能力为前提的。每个公司都要有一个合理的负债率，就是银行，也要求有一定的资本充足率。负债率太高，本来就是铤而走险，加上经济运行是周期性的，一旦遇到政府调控，许多银行只收不贷，即使一个正常负债的公司，一旦遇上这种情况，也很难存活。对负债规模大、负债率高的公司更是如此。因此，负债经营必须充分考虑公司的偿还能力和资金的使用效益，规避高负债和不能到期支付的风险。

第三，树立现金流观念。

现金流是维持公司正常经营的“血液”。现金净流量是公司成长的动力。对许多公司来说，现金净流量的意义甚至高于经营损益。不少公司一年忙到头，账面上钱也赚了不少，但钱却在别人手中，公司的一大部分现金被客户占用了，经营活动产生的现金净流量为负数，没有实实在在的现金收益。因此，关注现金净流量，掌握现金流的状况及走向，包括经营中创造现金的能力和短期流动资金贷款的使用效率，是公司管理者必须随时掌握的基本信息和进行决策的重要依据。

管理者不仅要有意识地树立起科学的财务观念，而且还要加强公司的财务体系和制度建设，通过培训等工作提高财务人员的素质和能力。

（1）按照相关财会法律、法规的要求，逐步建立起比较规范、完善和自律的财务管理部门、工作流程和财务管理制度。

要按照公司财务管理的内在规律和国家相关法律法规的要求，建立财务管理部门，在分工协作的原则下，明确管理岗位和人员职责，严格把关财务管理的工作流程和审批程序；同时要根据国家法律规定，结合本公司财务管理上的薄弱环节，制定财务计划、资金筹集、资产管理、成本费用管理、劳动用工及工资、利润分配等管理制度，并切实贯彻执行。

（2）提高会计人员的素质。被委任会计领导岗位的人员，必须具有相应的职务任职资格，绝不可滥竽充数；对会计人员要经常进行职业道德、业务技术教育，提高其素质，《会计法》对此都有明确规定。把好用人关，是实施良好的财务管理的重要条件。

◤ 小公司管理者必须懂财务和账目

日新月异的经济形势和日趋激烈的市场竞争，使得公司承受着比过去更大的压力和挑战，相应地，对管理者也提出了更高的要求。作为一名现代管理者，不仅要具备预测能力、决策能力、经营能力、用人能力、协调能力，而且还要具备财务管理能力。

很难相信一个不懂财务常识，看不懂财务报表，不能进行公司财务分析的管理者，能为公司做出正确的经营决策，能将公司的钱财打理得井井有条，能将公司经营得风生水起。

现代的商业经营，也是一个数字化经营的年代，因此，每一个公司管理者，必须具备识别账目的能力。因为公司的各种会计报表，无非是一些数字，对于外行的人来说，只是一些无联系的数字堆积，其实这些数字隐藏着无穷的经营信息，这些信息能使管理者了解公司过去或当前的经营状况，也能预测公司未来的经营前景，还能诊断公司遇到的问题。可以说一套完备、详尽的会计资料就是一个公司的画像，就是一个公司的解剖图。但是，很少有管理者主动关心财务知识。他们似乎害怕这些数字，在等待签字的财务人员面前装高深莫测："就这么定了。"

管理者要学习财务知识，看懂账目，研究数字。只有这样才能合理筹集资金，使资金取之有道，用得其所，得到合理配置，满足生产经营活动的需求，增收节支，降低成本费用；增加盈利，取得一定的经营成果；正确分配盈利，及时完成上级财政税收的任务。

为此，管理者需要做到以下几点：

（1）吸收不同资金的筹集办法、方式。不同来源的资金，其可以使用的时间长短，对条款的限制以及成本的大小都不相同，这就需要管理者在筹集资金时认真考虑其资金结构的合理性，所担风险和资金成本的大小等因素，从中选择最有利的筹资方案。

（2）要做好资金的控制、调度、核算和分析工作，增产节约，增收节支。处处精打细算，把有限的资源用在刀刃上，少花钱多办事。

（3）在资金运转中，首先要及时组织资金偿付债务，避免出现资不抵债的问题，其次应根据现有资金，把握投资机会，最后是建立健全资产管理责任制度。

（4）合理分配利润，将所实现的利润分为三部分。一是提取部分利润，形成公司资金积累；二是分配利润，如上缴国家税款，发放员工工资、福利等；三是存留部分利润，作为未分配利润，留待以后年度分配。

（5）应按规定履行纳税义务，按规定缴纳增值税、营业税、所得税。

（6）实行财务监督，维护财务纪律。财务监督是运用单一或系统的财务指标对企业的产生经营活动或业务活动进行观察判断、建议和督促，其目的在于执行国家财经纪律，促进公司规范经营。

小公司管理者要了解和学习各种账务知识，加强对财务管理、公司分析等方面的学习。只有既具备较强的生产、团队管理能力，又具备熟练的财务管理技巧，才能胜任公司繁杂的经营任务，才是一名合格的管理者，才能驾驭公司这艘航船在市场的海洋中乘风破浪，驶向预定的目的地。

小公司管理者必须看懂三张表

财务报表是综合反映公司一定时期财务状况和经营业绩的总结性书面文件，它是在日常会计核算资料基础上，对其进行加工、整理归类、汇总、编制而成的，是对公司经济活动方面的货币资讯逐步进行高度概括、集中、汇总，使之条理化的分析报告。因此，财务报表是对公司经济业务的高度概括总结，是每一个管理者在短期内了解公司经济状况的必需材料。学会看懂、分析财务报表，对管理者来说非常重要。

财务报表主要指资产负债表、利润表和现金流量表这三份主表。那么，小公司管理者怎样才能用最少的时间从财务报表中获取满足自己的资讯呢？下面分别加以介绍：

1. 浏览资产负债表的作用

（1）了解公司所掌握的资产。在资产负债表上，资产分为流动资产、长期投资、固定资产、无形资产、递延资产和其他资产等类别。

（2）了解公司所负担的债务。在资产负债表上，公司负担的债务分为流动负债和长期负债两类。

（3）了解公司的偿债能力。公司偿债能力大小可以通过资产负债表中有关资料的比例关系看出。

（4）所有者在该公司持有的权益。公司资产总计减去负债总计后的余额表示公司所有者对公司净资产的拥有权力，称为所有者权益。

（5）公司未来的财务形势和趋向。公司未来的财务形势和发展趋向主要是通过公司报表本年资料与上年资料比较来获取。

资产负债表

编制单位：　年　月　日　单位：　元

项目	金额
资产类： 流动资产 长期投资 固定资产 无形资产 长期待摊费用 其他资产 资产合计	
负债： 流动负债 长期负债 其他负债 负债合计	
所有者权益： 实收资本 资本公积 盈余公积 未分配利润 所有者权益合计	

2. 浏览利润表的作用

（1）利用损益资料衡量业绩。一个公司刚刚开张，需要购买存货和购置设备，可能会出现严重的现款短缺，不能就此判断公司的资金状况很坏。衡量业绩的好坏，管理者必须充分利用有关公司损益的资讯。如果该公司本年度利润为正，说明有利可图。如果与同行业水平和去年同期相比，公司利润呈增长势头，说明公司发展具有潜力，值得持续经营下去，解决经费短缺问题自然不在话下。

（2）用损益资料调节矛盾。损益是公司内部和外部对各种利害冲突和不同目标起调节作用的一种力量。对内，发展、生产新产品的成本和收益的相互关系，将会调和甚至左右管理者在设计考虑上的特别想法。比如，一家公司的某种产品物美价廉，市场反应良好，然而公司的管理者却做出要停产转让生产线的决定。究其原因，关键在于入不敷出，该产品的营业利润为负数，它不能给公司创造价值，增加收入。如果提高价格，又会失掉相当部分消费者，得不偿失。所以管理者决定停产是明智的，即使消费者很喜欢这个产品。对外，分配股东股息时，公司的净收益是一项极其重要的参考资料。如果，公司多盈利，股东就多分点股息；公司少盈利，股东就少分点或者不分股息。通过公司净收益的资料来决定分配方案是投资者和经营者都能接受的标准，从而避免了矛盾的产生。

（3）利用损益资料发现问题。如果公司在不久的将来必然要设法应付一次现款短缺的危机（可从资产负债表的流动比率和速动比率分析得出，即流动比率 2，速动比率 1），管理者可以利用损益表现资讯，观察生产率和销售率，看是否出现不平衡现象；是否潜伏着存货过时报废的危险；推销、财务和生产三方面的开支，会不会因过于集中而发生资金周转困难等情况，分析问题，找出原因，对症下药。

利润表

编制单位：　　年　月　日　单位：　元

项目	行次	本月数	本年累计数
一、主营业务收入			
减：主营业务成本			
主营业务税金及附加			
二、主营业务利润			
加：其他业务利润			
减：营业费用			
管理费用			
财务费用			
营业利润			
加：投资收益			
补贴收入			
三、营业外收入			
减：营业外支出			
加：以前年度损益调整			
四、利润总额			
减：所得税			
少数股本权益			
五、净利润			

补充资料：非常项目：1. 出售、处置部门或被投资单位所得收益；2. 自然灾害发生的损失；3. 会计政策变更增加（或减少）的利润总额；4. 会计估计变更增加（或减少）的利润。

3. 浏览现金流量表的作用

现金流量表为公司管理者提供公司一定会计期间内现金和现金等价物流入和流出的资讯，以便管理者了解和评价公司获取现金和现金等价物的能力。该表主要可提供如下资讯：

（1）提供公司现金流量资讯，从而对公司整体财务状况进行客观评价。特别是对了解公司销售收入的回笼情况十分重要。

（2）可以分析公司应收账款和存款的数量，以帮助管理者进行正确决策。

（3）可以反映公司投资活动和筹资活动中的现金流入和流出情况。

（4）可以预测公司未来的发展情况。如果现金流量表中各部分现金流量结构合理，现金流入和流出无重大异常波动，就说明公司的财务状况较好。如果公司较长期间内现金流量情况较稳定，说明公司经营前景较稳定。

现金流量表

编制单位：　年　月　日　单位：　元

项目	**______月**	
	预算值	**实际值**
收入		
销售额		
支出		
设备		
销售费用		
工资		
广告费		
办公设施		
租金		
公共设施		
保险		
税金		
本金和利息		
支出总额		
现金流量		
期初值		
期末值		

小公司管理者必须抓牢7个财务指标

小公司管理者看懂了三张表以后，如果再牢牢抓住以下几个指标，那么公司管理工作就会井井有条，毫厘难逃。

1. “利润”

公司应该先弄清楚“营收”“毛利”“净利”这三个名词，免得被数字给牵着走。相反地，有些公司常是自欺欺人地对外大肆宣传营收（实际收入的金额），但对毛利乃至最重要的净利（真正赚的钱）却是避而不谈。

2. 现金

很多公司不是因为销售上的问题导致经营困难，而是花钱不控制，不知账上有多少现金，现金流一旦被阻断，公司随时都有可能被“一刀毙命”。

3. 损益平衡点

随时掌握公司的损益平衡分析，了解月营收入要多少才能收支平衡，心中随时有数，便无须等到财务报表出来才知道有没有赚钱。

4. 库存

为了维持一定的营运活动，大部分的公司或多或少都有存货，但存货也要控制，数量要适当。存货是要成本的，多一天存货，就多一天现金支出。但若抓得太紧，不仅原物料无法与生产正常衔接，更糟的是客户可能就一去不复返了。

5. 订单和退货记录

公司订单若未即时处理，误了交期，恐怕还得面临赔偿的问题。有了订单，却频遭退货，表示质量管理有问题，这不只会造成损失，长此以往必会使公司声名扫地，淡出市场。因此，盯紧订单和退货记录才能增加收入。

6. 员工数

公司组织常在不知不觉中变大，但收益和利润成长未必成正比。有些管理者常以直接管理的人数多寡，作为自己在组织里重要性的依据，如此“大头病”换得的是人事费用只上不下。

7. 产品销售量

市场占有率与产品调价关系要得到有效及时的掌控，如果管理者只看营收报表，这中间势必潜藏很多漏洞。例如，某公司虽然营业额不断提高，但销售量却在下跌，市场占有率在萎缩。营收之所以成长，是因为产品调整价格的关系。因此，管理者还要定期查看销售量，才能如实掌握公司业务状况，盯紧利润。

第二章

现金管控术，

打造旺盛的公司“血脉”

人的体内没有充足的血液流动，就不能维持正常的新陈代谢活动，人就会衰竭而亡。对于公司来说，资金就是公司的血液，资金匮乏，资金周转不开，公司就无法正常运转，更可能危及公司的生存。

资金掌握着公司的命脉。小公司管理者应加强财务控制，加快资金周转速度，以便让手里的现金流更为宽裕，让公司在运营时不至于被“一分钱逼死英雄汉”。

◤ 现金为王，资金链断裂满盘皆输

王平对自己准备投资的电磁炉项目充满自信，他认为这个项目一定能给他带来不菲的收益。他很看不起同行们缩手缩脚、小打小闹的样子，心想自己绝不能跟他们一样，要干就大干一场。这种心态使他忘记了预估自己公司抵抗风险的能力。他一心想将“摊子”铺大，不断地投入资金，公司负债随着他的盲目投资滚雪球般地扩大。王平却毫不在乎，一点也不感到害怕。在他看来，等公司一运转起来，就会不断地进账，钱就不成问题，什么债都可以还清。但等他的公司运转起来了，该有的订单迟迟不来，不该有的费用却节节攀升，资金很快消耗完了，最终因资金链断裂，王平只好黯然收场。

很多公司经营失败的一个主要原因，是资金运作发生了问题，投入的资金收不回来，公司又没有足够的资金用来维持生产经营。

因此，管理者应从风险与收益平衡的角度考虑公司的投资导向，选择合适的投资项目，并且将投资规模控制在适度的范围内。在具体投资时，应将资金分批次、分阶段投入，尽量避免一次性投入，应留有余钱，以防万一。这样可以避免环境变化、风险发生时，因手中没有资金可以周济，而导致满盘皆输。

在公司创办时，管理者必须要制订一个科学的筹备资金的计划，否则，不管有多么好的构想、企划，如果没有完善的筹备资金的计划，一定会遇到业绩萎靡不振、倒闭等困扰。因此，在确定了经营项目后，接下来最重要的一步就是决定需要投资多少，在开业后直到走上轨道前这一段时间内的周转费用又该需要多少，有多少流动资金可掌握，等等。

另外，在规划营运资本，计算初期的销售情况时，管理者要留有充分的余地，并且严格控制开支，以免谋划不周，功亏一篑。一般来说，管理者最容易在资金问题上抓不紧会计成本，以致后来出现财务危机。因为很多管理者都是满腔热忱、满脑子创业思想的梦想家，却不是十分理性和计划周全的必胜者。他们假定了公司必胜的想法，在构思上容易偏向低估会计成本，这样的结果通常是资金准备不足、公司营运上周转不灵。

所以，小公司管理者在公司经营初期，一定要恰如其分地计算出会计成本，然后不要随意大改动。当然，也不要故意弄大成本，若成本太大，账面上可赚钱的机会甚微，公司经营就会陷入危机。

控制固定资产，“青山”别太多

一个公司的资产包括固定资产和流动资产。

固定资产通常是指使用期限超过一年的厂房、机器、机械、运输工具及其他与生产经营有关的设备、器具和工具等。它属于产品生产过程中用来改变或者影响劳动对象的劳动资料，是固定资本的实物形态。固定资产在生产过程中可以长期发挥作用，长期保持原有的实物形态，但其价值则随着公司生产经营活动而逐渐地转移到产品成本中去，并构成产品价值的一个组成部分。

从会计学的角度划分，固定资产一般被分为生产用固定资产、非生产用固定资产、租出固定资产、未使用固定资产、不需用固定资产、融资租赁固定资产等。

固定资产的价值是根据它本身的磨损程度逐渐转移到新产品中去的，它的磨损分有形磨损和无形磨损两种情况；固定资产在使用过程中因损耗而转移到产品中去的那部分价值的一种补偿方式，叫作折旧。折旧的计算方法主要有平均年限法、工作量法、年限总和法等；固定资产在物质形式上进行替换，在价值形式上进行补偿（就是更新）。此外，固定资产的维持和修理也会影响其价值。

对小公司来说，若非必要，不必有过多的固定资产。你知道世界上赚钱最多的公司是哪一家吗？可口可乐。它没有一间厂房。固定资产从购买之日起就开始折旧，这意味着，固定资产一落地就开始贬值。不管买什么车，只要你把牌照办下来，哪怕你一公里都没有行驶，如果卖掉的话也要折旧的。而创业者天天想的却是增值，所以，没有更多的固定资产是对的。如果说一个小本创业者刚开始就大肆买地建厂房，很有可能在后面经营中会出现资金周转困难的问题。

为了避免公司的资金周转发生困难，最佳办法是珍惜你手头上的现金，尽量保存。不要做太多的投资性支出，例如购买厂房、写字楼、机器和投入大量的宣传费等。那些现金的回收，通常属于比较远期的效果。

留足流动资产，储足公司“口粮”

流动资产是指项目投产后，为进行正常生产运营，用于购买原材料、燃料、支付工资及其他经营费用等必不可少的周转资金，具有周转期短、形态易变的特点。拥有较多的流动资金，可以在一定程度上降低公司的财务风险，维护和增强公司的经营能力。所以，它是公司理财工作的一项重要内容。

如果管理者能够掌握现金、应收账款和存货等主要流动资金项目的管理方法，就可以达到既能节约合理地使用流动资金，又能加速流动资金周转，提高使用效率，降低经营风险的目的。

都说生意越来越难做，因为公司发展的大环境较以前更差，客户一直要求不断降价，同时，各公司产量、价格、业务、利润都在不断下降，而成本却越来越高。所以，在市场中我们经常可以看到一些发展势头良好的公司突然境况窘迫，面临生存难题。它们中很大一部分都是因为缺少现金流，导致公司无钱周转，不得不关门大吉。

作为管理者，管理一家公司其实跟家庭主妇一样，不仅要考虑房租、水电、工资等支出，还要留足日常的生活费用，这就是现金流。合理地控制现金流，是公司成功经营的关键。同样，如果没有充足的流动资产，也会让许多公司陷入困境。

小公司的管理者应该把自己的所有现金和能够变现的资产分为三份。第一份用于先期投资（含流动）。第二份用于追加（因为公司运营过程中会有许多不可预测的因素），你应该明白追加资金用完就意味着你没有多少钱可投了。第三份是生存钱。即使经营失败，也不至于连饭都吃不起，能维持生存就可能东山再起。

要知道，几乎所有的订单都必须是先付款购买材料，再出货收款。而且你的客户或者供应商不一定愿意与你按月结算，再加上许多公司都要低利润生存，这些都有可能使你的现金流状况雪上加霜。所以，为了不让公司陷入举步维艰的局面，一定不能忽视流动资金，一定要确保手头留足流动资金，以确保公司的资金链不会断裂。

◤ 让现金流入流出源源不绝

现金是流动性最强的资产，拥有足够的现金对降低公司财务风险、增强公司资金的流动性、提高公司的经营能力具有十分重要的意义。对于小公司来说，更是如此。

1. 公司持有现金的意义

（1）满足日常支付的需要。如用于购买材料、支付工资、交纳税款等。公司每天的现金收入和现金支出很少同时等额发生，保留一定的现金余额，可使公司在现金支出大于现金收入时，不至于中断交易和生产。支付需要现金的数量，取决于其销售水平。正常营业活动所产生的现金收入和支出以及它们的差额，一般同销售量呈正比例变化。其他现金的收支，如购入机器设备、偿还借款等比较难预测，但随着销售数量的增加，都会有增加的倾向。

（2）预防意外事件。公司预计的现金需要量一般是指正常情况下的需要量，但有多意外事件会影响公司现金的收入与支出。例如，地震、水灾、火灾等自然灾害；生产事故；主要客户未能及时付款等问题，都会打破公司的现金收支计划，使现金收支出现不平衡，持有较多的现金，可以使公司更好地应付这些意外事故的发生。

由于现金流出可能超过现金流入，小公司管理者必须随时了解公司的现金状况。为做到这一点，管理者可按月编制预算现金流量表，然后将预算值和实际值比较。可以将实际值列在预算值旁边，这样不但有助于调节以后的预算，还能帮助发现公司资金问题的根源。

2. 做好现金的日常控制

公司要拥有充足的现金流，就要加强对现金的管理。在现金管理中，公司除合理编制现金收支计划和认真确定最佳现金余额外，还必须进行现金的日常控制。

（1）加速收款。为了提高现金的使用效率，加速现金周转，公司应尽量加速收款，即在不影响未来销售的情况下，尽可能地加快现金的收回。如果现金折扣在经济上可行，应尽量采用，以加速账款的回收。公司加速收款的任务不仅是要尽量使客户早付款，而且要尽快地使这些付款转化为可用现金。

（2）控制支出。公司在收款时，应尽量加快收款的速度，而在管理支出时，应尽量延缓现金支出的时间。

◤ 缩短应收账回收期，加速现金流周转

现金流是指一定时期内流入公司的资金与流出公司的资金之间的差额，所有的公司都需要一个正向的现金流。现金流与其他的几个元素，利润率、周转速度、资产回报和业务增长等，构成了公司赚钱的基本因素。加速资金周转的目的，其实就是为了使公司能始终得到一个稳定、快速的现金流。

在加速现金流周转时，缩短应收账款回收期是其中一个很关键的因素。如果经销商和客户的账款拖欠过长，那么就很容易使现金流出现问题。公司的资金如果收不回来，当然也就无法实现资金周转，以及维持公司的正常经营。

一般来说，应收账款比率越高越好。该比率高，说明公司的应收账款回收快，发生的坏账损失和收账费就少。也说明公司的资金利用率高，变现速度快，其短期偿债能力很强。要注意应收货款和票据债权是否高效率地转换成现金、顺利得以回收决定着公司资金的有效利用率，这是一种成正比的关系。

公司采用现金交易是稳妥的交易方式。当提供商品或服务之后，立即收钱，结束交易，用不着送达付款通知书和催收货款；现金到手，用起来方便，也不需要向银行借款。然而，事情往往并非这样，多少会有应收货款收不回来的情况发生，或者好容易等到对方付款，却是60天后才能变现的期票。

衡量卖出商品变现回收效率可以采用如下的计算公式：

应收账款周转率=销售收入/（应收货款+应收票据）

公司的应收账款一般与赊销政策有很大的关系。公司赊销政策不仅与公司内部因素有关，如公司规模、资金状况等，也与公司外部因素有关，如所属行业、竞争状况、宏观经济环境等。就某个公司来讲，应收账款余额应是多少、账龄分布成什么样算是最合理，并没有客观上的规定。这就需要有合适的财务指标能够与同行业的平均水平或优秀公司的相关比率以及本公司历史水平进行比较，而仅使用应收账款账龄分析表提供的信息相比较，这并不是最方便和最有效的。

公司赊销政策是在增加销售、减少资金占用与减少坏账损失之间寻求平衡，而不是单纯追求坏账损失的最小化。错误地或过窄地设定评价目标，都会导致应收账款分析上的偏差。

为了能够克服应收账款评价方法上的缺陷，公司可以计算应收账款平均周转天数，并将计算结果与同行业的平均水平或优秀公司的相关比率进行比较。

公司应收账款余额用公式如下所示：

应收账款余额=（全年赊销额÷360）×应收账款平均周转天数

由此也可以推出应收账款平均周转天数的计算方法：

应收账款平均周转天数=应收账款余额÷日平均赊销额。

这个公式的计算结果是一个综合性的指标，其意义也很清晰明确。为剔除周期性或季节性销售带来的影响，公司可以在年末用全年的赊销额计算出全年的应收账款平均周转天数。更重要的是财务信息获取的及时性，由此，公司可以在每一季度末将每月赊销额尚未收回部分与当月赊销总额相除，可以得出三个比率结果。然后将这些结果汇总，得出每一季度赊销额尚未收回部分占当季度赊销总额的比率，并进行季度间指标的比较，从而得出公司应收账款的回收情况。

总之，不论公司如何评价、如何计算应收账款回收期，其目的就是能够使其回收期缩短，加快公司资金流转速度。

6个小技巧，轻松缓解现金流困境

公司的现金流可以说控制着公司的命脉，能不能让其合理地流动周转直接关系着公司的生死存亡。

某公司生产一种很畅销的产品，在财务账面上的收入高达千万，该公司的老板本该高兴，可最后却濒临破产。原因就在于签了合同，货发出去了，账款却收不回来。而原材料的货款、员工的工资、生产用的水电费用等已经支付出去了。公司的资金陷入了一种僵死的状态，在很短的时间内要回收账款也是不太现实的事，最后关头，老板只得把公司低价转让。

从上面的例子可以看到，公司如果不能够掌控自己的现金流动，就会使公司资金进入干涸期。现金流对于公司，就像血脉对于人体，只有血液充足且流动顺畅，人体才会健康，良性现金流可以使公司健康成长；公司若没有充足的现金就无法运转，更可能危及公司的生存。

因此，公司在努力搞好生产经营的同时，要加强对现金的管理，掌控好公司的现金流，使公司始终能够保持充足的资金开展生产经营活动，避免出现资金链断裂，引发经营瘫痪的情况出现。

现金预算管理、现金的流入与流出的管理、现金结算管理、现金使用效率管理，包括诸如存货周转期、应收账款周转期、应付账款周转期等都属于现代广义的现金流管理内容。在有些大公司，这些财务指标可以由该公司专业财务人员计算得出，将结果上报于公司管理层。但是，一些小公司没有实力来完成这些，针对这一点，这里介绍几种简单易行的现金流问题的解决办法。

1. 尽量延期支付原材料费用

对于下游的原材料供应商，第一次合作提前支付货款以表示诚意，在以后的合作当中，需要尽量把付款条款修改为先取货后付款。当然，付款协议签署以后，一定要按协议办事，货到30天内付款，一定要第30天付款，不要一拖再拖，以免影响公司的付款信用。

2. 应收账款尽量提前收取

如果客户是第一次购买你的产品，那么就要求对方先付全款，然后提货。并随时记录各个客户的付款情况，制定相应的付款条款。对于信用好的客户，可以将预付款的比例适当降低，但最多不低于成本。一旦原来信用好的客户发生拖欠行为，其信用水平就要立即降低，马上就要提升预付款的比例。这样，既能给客户以警示，也能把风险降到最低。

3. 大型生产设备或固定资产尽量先租用

对于占用资金巨大、建设周期长的大型生产设备或固定资产，公司应当尽量先租用。这样，虽然短期内支付的租金相应多一些，但能保留下足够的现金流，支撑公司良性运转。而当公司的资金积累到一定程度，完全可以支付这样一笔巨款的时候，才是考虑购置自有固定资产的时机。

4. 延期支付员工工资

现阶段，公司支付员工工资的方案主要有以下几种：

（1）月初发本月工资式。这个方式一般国家政府机构、事业单位实行，每个月的月初发放本月工资，属于提前预付工资制。

（2）月底发本月工资式。这个方式某些国有大型公司、资金雄厚的上市公司采用，每个月月底发放本月工资，属于一天都不拖欠的类型。

（3）延期支付工资。这种方案有常见的以下两种时间延迟：一种时间延迟是每月15日发放上月1~30日工资式，很多私营公司都采用这种方式。这样，员工工资可以有半个月的延迟，这笔钱就可以在这半个月里面投入公司运营，相当于半个月无息贷款。另一种时间延迟是每月25日发放上月1~30日工资式。延迟发放的时间延长到25天，公司有25天的无息贷款可以利用。

从上面几种工资支付方案来看，第三种是对现金流转最好的选择。但是，这仅是员工工资的延期支付，切记不要拖欠员工工资，否则，可能就会给自己带来损失，得不偿失。

5. 按季度支付员工奖金

员工的奖金一般可以占到该员工年薪的20%~50%，这是一笔非常大的资金。吸取员工工资发放方式的优点，可以将奖金按照季度、年度来统一发放。如此一来，不仅可以将这笔资金投入运营，还可以避免员工频繁离职的情况发生。

6. 接受的订单尽量不要超过公司生产能力的15%

一般来说，大订单意味着这里面有很可观的利润可赚，但是也会出现像本章开头案例那样的情况，小公司极有可能没有足够的资金支持，最后可能会因公司资金耗尽而亡，这就需要公司谨慎地权衡得失。

总之，小公司应能够尽量掌控自己的现金流转，不要让其耗尽。

估算一下公司的资金是否充足

资金指的是经营公司的本钱。资金以货币形式表现，用来进行资产周转，维持和扩大公司的再生产。一般来说，资金主要包括库存现金和银行存款。

预估资金是否充足的关键在于编制一份高质量的资金周转计划。不过，编制资金周转计划需要比较高的水平，要真正掌握还得从基础开始。

估计资金是否充足的原理其实很简单，时期跨度以一个月为例，要预测下个月资金情况，只要计算：

本月结余+月用预期现金收入－下月预期现金收支

若得数为正，则资金充裕；若得数为负，则资金不足。

因此，预估准不准的关键就在于下月预算收入估计准不准、下月预期支出准不准。估计现金收支中还要注意一些细节问题。

现金收入的主要来源是来自本月的现金销售收入和以前应收账款的收现，以及应收票据到期兑现收入。应收票据兑现指手头未拿出贴现的票据一直持有到期，然后兑现获得的现金收入。应收账款的收现形式包括现金、支票或银行转账的形式。

公司的现金收支主要包括公司购货支付的现金、各项付现费用、利息支出、偿还当期借款、购入固定资产的付现支出等。在购货付现支出中包括现金购货的支出、应付账款到期兑现、应付票据到期兑现。应付票据到期兑现记载的不是该月签发的应付票据款额，而是该月到期的数额。应收票据到期兑现也是如此，记载的不是本月收到的，而是本月到期的票据但不包括本月到期已拿出贴现的票据。

各项付现费用包括各项应付现的工资、奖金、管理费用、销售费用等。若为了详细考察各项费用的具体开支情况，可以再细分几栏，突出支出重点。

通过上面的计算，就大概能算出下个月资金是否充裕。若资金充裕的话，就可以考虑资金运用的问题；若发现资金不足的话，就要有心理准备，可以预先筹划好周转资金的方法。

还有一个方法值得推荐，就是把资金不足（或盈余）分为“最乐观”“最悲观”和“正常情况”三种状况来进行估计。这样就能得到“最乐观”“最悲观”与“正常情况”下的资金不足（或盈余）数字，这有利于管理者对下一个时期资金盈余的大致范围有一个了解，从而有助于制订正确的资金周转计划。

9个小窍门，让资金越转越快

公司的经营过程，实质上就是资金的周转过程。公司用资金购买原材料、购买设备、雇用员工，然后将原材料加工成产品，最后将产品销售出去获得现金。资金周转得越快，公司经营的成本就越少，公司就越赚钱。这是因为资金每周转一次，公司才能赚一次钱，资金周转得越快，公司赚的钱才越多。

获得利润是每一个公司的最大目标，公司的营业活动是获得利润的支撑杠杆。而资金又是维持公司运营活动的有力武器。如果资金不流动或者滞后，那么就不可能为公司带来效益，因为这会浪费公司很多的成本，后果严重到可能使公司倒闭。因此，公司应当加强财务控制，加快资金周转速度。

小公司可从以下几个方面来加快资金的周转速度：

（1）尽量减少产品及材料的库存。

（2）应做好估测，合理筹划固定资产，不可盲目扩张。公司增加固定资产投资后，如营业额及利润不能成比例增加，就会变成难以摆脱的负担，故扩充设备、增加资金，必须事前做好市场调查，搞好预测及计划，避免“先天性不良”，造成公司陷入“泥潭”不能自拔。所以要尽量减少固定资产投资。

（3）应收货款要加强管理落实责任，及时回收。

（4）营业有盈余时，对生产经营所需资金，应适当保留，以巩固财务基础。

（5）公司增加资本金，直接以现金投入公司，增加公司可运用的资金。

（6）筹借资金，向银行申请借款，票据贴现，以及向其他单位、团体、个人借款；还可改革贷款结算条件和方式。

（7）滞留材料及废料，尤其是金额大、数量又多时，会严重挤压资金，还浪费费用，比如仓储费用、保管费用、维护费用等。所以应想方设法将它们变卖掉。

（8）节省各种费用支出，节约各项费用支出，降低产品成本，一方面可以扩大利润，另一方面也节约了资金，使资金相对增加。因此，必须制订一套严密有效的成本费用控制方法，共同遵守，认真执行，方见其效。

（9）让每一个人员都参与资金管理。公司可以将资金指标进行分解，实行分级分目标管理责任制，按期检查考核指标完成情况，优奖，劣罚，这是解决资金周转不灵最根本的措施和方法。例如，库存材料定额应由采购和保管人员负责，库存产品及产品由销售部门负责，产品生产周期由生产部门负责，并制订资金占用额和资金周转期指标，有些指标还可分解落实到个人，做到人人有责。大家都动起来，才可能解决资金周转不灵的问题。

此外，为了能够使资金有效地周转，公司应当解决好资金调度问题，也就是要解决收支平衡问题，比如公司可以编制合理的资金调度计划表。当编制好了资金调度计划表后，下一步要解决的问题就是执行。资金调度计划应根据预定的进度，将一年分成四季的季度计划，每季实际发生额，应在季后提出报告，检查实际与计划差额产生原因，对下季度预算进行修正。资金调度目标就资金而言不应当影响到公司的生产经营业务。

加快存货周转速度，加速资金回笼

在不少公司中，存货所占用的资金不在少数。公司主要的流动资产就是商品存货。换句话说，商品占用的资金更多。“品种多样，规格齐全”也是不少公司招徕顾客的重要宣传口号。但从资金周转角度来分析，“商品存货越多越好”的观点是不正确的。

的确，在实际的公司运营中，商品存货越多越容易操作。因为其商品的品种数量太小，品种规格不齐全，会发生来了订单却无货可付给顾客的情况，这是令人遗憾的事情，到手的利润也会飞掉，而且存货不足会使一些顾客丧失信心，导致客户流失，这就会影响到公司的生存。

对于制造业类型的公司来说，有存货也是必不可少的。制造业公司的目标是生产和销售商品。为了生产商品，必须买进一些必需的原材料、燃料等。有了源源不断的存货，公司才能源源不断地制造商品。所以，适当的存货是公司发展所不可缺少的。

但是，库存中的存货也是有成本的，对于资金周转来说，这些存货挤占着大量的周转资金，而过量的存货会恶化资金周转。

购买存货有两种方式，一种是现金购货，另外一种是赊购。现金购货会直接减少公司手中可动用的现金。而赊购方式虽然避免了当时的现金流出，但是赊购的付款期一般是很短的。在不久的将来，这笔购货款还是不得不以现金来支付的。因此，无论采用哪种付款方式，存货总是会占用较多的周转资金的。

再说明一点，我们反对的是过量的存货。把原料、燃料等存货大量地堆积在仓库中，而不管这些存货数量是否合理，是否须现金购买，这是不负责任的行为，是阻碍资金顺利周转的行为。

因此，仓库的存货更新慢，存货明显过多，往往是资金不足的元凶，也是资金不足的一个征兆。

在会计中，常用存货周转率来表示存货的数量是否合理。

存货周转率=销货成本/平均存货

平均存货=1/2（初期存货+期末存货）

若以年为期来考察，则期初存货指年初存货，期末存货指年末存货；

若以月为期来考察，期初、期末存货指的是月初、月末存货。存货周转率过低表示存货量过大，占用流动资金太多。但是各个行业的存货周转率是不同的。商业公司的存货周转率一般高于制造业的存货周转率。

因此，想要知道存货数量是否恰当，常用的方法就是将公司本期的期货周转率与行业平均存货周转率，与公司上一期、上两期等历史存货周转率比较，若数值明显偏高的话，这往往说明存货规模不合理，有可能会导致现金不足，这时应该找出问题症结，对症下药。而且用存货周转率来考察存货数量是否合理比单纯用存货数据更科学一些。这是因为随着销售收入的增加（这时销货成本也往往以差不多的比例增加），存货也往往随之增加，这种增加是合理的，必要的。因此，不能简单地说，存货数量增加就是不对的，以存货周转率来考察公司存货水平合理与否是较为科学的一种方法。

减少存货挤压资金的另一个办法是提高存货的周转速度。也就是，尽量减少存货在仓库的滞留时间，让存货尽量快地销售出去，以获取现金。当然，加快存货周转速度，对于每个时点来说，存货还是占着一部分流动资金的，也就是仓库进进出出，但仓库总会有相当一部分的存货，这部分存货也挤压着一部分资金。

意义就在于存货周转速度快了的话（假定应收账款回收速度不变），资金回收就快了，资金垫付的时期就短了，这肯定能提高资金周转的灵活性，而且在正常情况下，资金这样周转一圈，应该多少有点利润。因此，提高存货周转速度，就是提高资金周转率，也就是提高一定时间内的利润率。因为周转时间短了，一定时期（如一年）中周转的次数就会多一些，因此利润率就会高一些。

常用的衡量公司存货周转次数的指标是存货周转天数，即

存货周转天数=365/存货周转率

算出来的结果是多少天。当然，这个数值越小越好。

当然，每个行业、每个公司的存货周转天数也是不一样的。为了得到科学的结论，应该把该数值与本公司上几期的存货周转天数与本行业、相似公司平均的存货所用周转天数相比较。

钱越多越好？看看资金比率是多少

对公司来说，手中可掌握的资金为多少才合适呢？有的人会说，当然是“钱越多越好”，现金、银行存款越多越好。单独考虑这个问题时，这种说法是对的。但假设公司流动资产总额一定，那现金、银行存款究竟需要占比多少呢？现金、银行存款过少时，肯定会影响周转，不过公司盈利要靠资金转化为存货，转化为商品，转化为应收账款，最后收回资金并获利。若资金保留过多，盈利资产（原材料、存货等）过少会影响公司的盈利能力。这是经常困扰公司管理者的两难问题。

在分析之中，常常把存货也看作流动资产。它主要包括库存现金、银行存款、短期投资、应收账款和应收票据，其中，“库存现金+银行存款+短期投资”称为保守速动资产。因此，衡量公司的变现能力主要有3个比率：

A.流动比率=流动资产/流动负债

B.速动比率=速动资产/流动负债

C.超级速动比率=超级速动资产/流动负债

流动负债是指在1年或者1年以内的一个营业周期内偿还的债务。流动负债包括短期借款、应付账款、应付票据、应付工资、应付福利、应缴税金、预提费用等。

即使是短期投资（如股票、债券）与资金还是不一样的，它的变现也还需费一些时间。公司应付紧急事态主要依赖的仍然是资金。因此，要考察公司应付紧急事态的能力，还得有资金比率。因此，要确定的就是恰当的资金比率。

资金比率=（库存现金+银行存款）/流动负债

资金比率的含义是，为了偿还流动负债已准备了多少银行存款和库存现金? 一般说来，资金比率越高，表明公司的支付能力越强。但对于公司来说，筹措来的资金以库存现金、银行存款的方式存在，因此不能说该比率越高越好，而且不能说公司拥有高额库存现金、银行存款就一定是有了足够的偿付能力。对公司来说，不仅流动负债要偿还，长期负债也会慢慢到期需要偿还的，而且对将来可能发生的负债也要准备偿还。

因此，对于库存现金、银行存款多少为宜，只能给出一个较含糊的回答：在确保周转的情况下，应尽量减少不必要的库存现金、银行存款，提高资金的利用效率。

当然，实际运作是如此复杂，公司一般很难完全做到上述要求，所以不少公司会用下面讲的“中庸之道”。这种方法很正确，很实用，即在确保周转之外，将一部分库存现金、银行存款用于证券投资（包括各种股票和债券），属于短期投资，作为“防护墙”，其他的剩余资金就可以较放心大胆地去利用了。

金融市场越发达，证券变现速度越快，这种方法值得采用。这时采用的比率就是保守速动比率。有时候，公司的资金需求与营业额的扩大有明显的比例关系，这时就可以考察保守流动资产与营业额的比率关系。在日本，这个比率被形象地称为“手头流动性比率”。

若手头流动性比率为2，表示公司目前手头的可以迅速用于支付的流动资金为月营业额的2倍。这个比率的最佳值多少也没有一个精确的答案。日本某公司的老板说过，该公司以“两个50%”为目标，即市场上占有率50%，自有资本比率50%。他对于他所追求的自有资本比率与手头流动性比率解释如下：

“我们的公司，现在并无向外借款，自有资本比率也超过70%，但我认为并没有始终保持自有资本七到八成的必要，虽然有较大的投资计划时，公司也会考虑借款，但即使在那种情形下，若公司没充裕的自有资本，公司不会做断然的投资。”

“我们的公司以储备3个月的营业额可手头流动作为经营目标之一（也就是追求手头流动性比率为3）。”

◤ 慎用周转资金，别让公司“血液”断流

所谓周转资金，就是弥补资金缺口的资金，它有时会减少，有时会增加，恢复或超过原来的数量，在周转资金较长一段时间保持较高余额的时候，有些公司就会心动起来，打周转资金的主意，如用于炒股、购买原材料等。这种做法其实不太妥当。

公司手头上的钱用完之后，就无法应付各项支出了。这时公司管理者若

提出“钱够吗？我这里有一笔账要付”，财务部门就很麻烦了。因此，不要有将手头上的资金全部用完的错误想法。有些单身汉过着的就是“发薪后第一周是贵族，一周后是贫民”的生活。但对公司来说这样做是非常危险的事情，因为在下次销售货款收回之前，公司主要靠的就是手头的资金维持运营。

为了防止上述情况的发生，制订资金周转计划是一个好方法。

小公司可以预先做好资金周转计划，提前计划好资金的收支，将某笔资金何时及如何应用提前计划好。

这样就会减少随便使用手头资金的倾向。因为管理者知道资金用途之后，就会有意识地保存这笔资金；若管理者不知道某笔资金有什么用的话，挪用的冲动肯定会比较强烈。

这就如一个电脑爱好者为了买电脑，袋中有钱也能捂住不花，为了心爱的电脑抵制各种消费的诱惑。若无购买计算机的预期计划，那各种消费的诱惑力就大多了，很可能会花了再说。

多管齐下，现金收支长袖善舞

对于公司来说，大多希望在收入现金时越多越好，在支出现金时能合理地拖延，以便公司有足够的资金进行生产经营。这里有一些技巧可以推荐给大家，在掌握了这些方法后，相信对公司灵活地周转资金会有一些帮助。

1. 提高应收账额回收过程的程序性

销售部门对赊销情况应有详细的记录，应建立严谨的工作程序，应将应收账款的任务指派到人，以免相互推诿。应有一个预告系统，也就是销售部门在应收账款到期前就把快到期的应收账款资料打出来，提前进行电话报告，而不能靠对方主动，到期时再临时通知。工作要主动，否则即使对方有钱可付，愿意付，但对方肯定没有付款的积极性，因此，建立一套严密可行的应收账款回收工作程序是有实用价值的。

2. 采用集中银行法

公司的销售网络遍布各地，如何把销售款尽快回收到公司统筹，进行资金周转就是一个很大的问题。这时可采用集中银行法，通过主办银行来处理和回收销售款。主办银行指与公司主要来往的银行，由它作为公司的“资金汇集地”是比较合理的。

3. 设立资金收集系统

在这个现金收集系统中，资金流向安排是很灵活的，核心思想就是让大中小客户、地理远近不一的客户的资金，都能通过适当的途径尽快地汇集到公司中。

4. 做好销售服务

公司可以在一些营业活动比较集中的区域和每天的资金流入量比较大的区域，租用邮局的信箱，要求客户将支票寄往指定的信箱，再委托往来银行每天派人开箱取出支票放账，然后银行将支票复印件及有关文件送交公司。这种方法省却了公司收取支票和送取支票的环节。对销售收入数量较大，且流量分布时间较长的公司来说，这是一个加快现金回收的方法；那些收入集中在某个时间区域的公司，则用不着这种方法。在结算中，若支票占比例很小，这种方法也就没有吸引力。随着支票在公司业务结算金的比例上升，这种方法也有了较大的应用意义。

5. 减少不必要的银行账户

保留数个银行账户，这无疑是让一部分现金收入有个“栖息”之地。但户头太多的话，滞留在这些账户上的现金也会是一个巨大的数字。因此，削去不重要的银行账户，能减少资金汇到的路程，节约时间，减少滞留资金，加速现金收集，而且账户减少，可以方便财务部门的管理，使财务部门资金周转更方便。

除了以上方法外，公司也可以采用一些其他的方法。其他方法包括将数额较大的汇款单、支票优先存入银行，有时数额较大的支票可不遵循平常资金上缴通道，直接由公司交银行入账，这种方法有时真能解决燃眉之急。此外，减少存货，处理滞存货，也对增加公司现金收入有所帮助。

这些方法看起来都不起眼，也不需要高深的财务知识，但小公司在实践中努力去尝试的话，能极大地改善公司的资金周转状况，在现金收支中做到“长袖善舞”。

加强对现金的“铁腕控制”

在财务管理混乱的公司中，不仅账款处理上容易出现漏洞和舞弊行为，有时连库存现金也会不翼而飞，这样的公司是没有发展前途的。

对于很多小公司来说，现金管理都是一个“痛点”，因此，有必要建立健全现金控制制度，对现金收支进行“铁腕控制”。

第一，现金收入、支出舞弊方法及控制。

单纯窃取现金是很容易被发现的，只要核对一下库存现金额与现金账户余额就会知道。所以，与现金舞弊相伴而生的是在会计凭证和会计报表中的掩饰作假。

不良职员侵占公司现金一般会从现金销售及回收应收账款中入手。侵吞现金销售收入的方法一般是干脆不予入账，或是以低于实际销货收入的数额入账，如卖了80元，说只卖了60元，其中20元就落入个人腰包了。在一些雇员极少且会计制度不完善的私营公司中，这方面问题比较严重。

这时可以采取的“铁腕”控制手段如下：

（1）销售员与出纳共同参与每笔交易，销货员开发票，客户将发票并随同货款交出纳人收讫，出纳再给发票盖章，这个人工费用在一般情况下是能省的，随便去商店看一下，就可以知道这种工作流程。

（2）使用收银机并记录现金销售交易，这也是一种解决方法，但这种方法的漏洞在于客户不需要发票或纸带时，收银员就有机会了，因此应配之以鼓励顾客索取发票或收银纸带。

第二，应收账款回收舞弊方法及控制。

应收账款回收现金环节存在的舞弊方式主要有：

（1）挪用货款后，拆东墙补西墙，例如业务员挪用A公司货款后，将B公司货款说成延迟收到的A公司货款，把C公司的货款说成B公司延迟收到的贷款，等无“东墙”可补时，公司往往已经遭受了极大的损失。

（2）在赊销时少记销资金额，但开具足额的应收款项向客户收款。

（3）贪污现金，修改银行现金余额调节表。

（4）偷取公司汇款单，取款后不入账。

（5）收到应收账款不入账，直接修改应收账款记录。

这时的“铁腕”控制手段如下：

（1）收款员收到贷款后立即入账，公司设专人（最好不与收款员同一部门）不定期核对客户积欠的货款。

（2）鼓励客户使用转账支票付款。

（3）由出纳、现金收入记账员之外的专人拆收寄来的支票、汇款单，并编制现金收入清单。

（4）每天的现金收入超过寄存现金限额的多余部分，当日送到银行存起来。

（5）不让现金收入记账员同时记录总账、应收账款、应收票据等账户。

（6）销货发票的签发、记账，编制现金收入清单、现金的报销、送存银行等业务员，尽可能地由不同人员担任。

第三，现金支出薄弱环节舞弊方法及控制。

现金支出薄弱环节存在的舞弊方式主要有：

（1）伪造支票和修改支票金额，这种做法往往是避开了正常的授权和核准程序并伪造印章或偷盖印章。

（2）盗用支票或现金，然后故意将现金支付日记簿加错，造成人为误差。

（3）违规与供应商勾结，收回扣。

（3）窃取支付给他人的现金或支票。

应该指出，在现金支出舞弊中，违规多收回扣这种方法是最防不胜防的。

这时的“铁腕”控制手段是：

（1）指定保管现金及记账之外的专人定期编制银行现金余额调节表。

（2）支票授权程序应非常严格，最好应经两位以上主管签章才能生效。

（3）尽量以转账支票付款。

（4）单据未经专人核准后不得付款。

（5）误开的支票应立即盖“作废章”并严格保管，不得随意丢弃。

健全的现金内部控制制度，是对公司财务部门最起码的要求。只有建立健全的现金控制制度，才能防止资金浪费、贪污等情况的发生，保证公司会计记录的可靠性和正确性。

第三章

账款回笼术，

将钱一分一分地追回来

货源源不断地发出去了，但钱却不见得能收回来多少，坏账、死账不断增加，不少钱也打了水漂。看似“形势”大好，实则令人心忧——账面利润多多，账户资金空空。

钱款收不回来，公司就没有足够的资金维持经营，就会被拖垮。加强应收账款的管理，采取灵活的赊销和收账战术，加速资金回笼，是小公司财务管理活动中至关重要的一环。

应收账款过多，公司会被拖垮

应收账款，是指公司因为销售产品、原材料、提供劳务等经济活动而应该向贩货方或接受服务方收取的款项。由于各种原因，在应收账款中总有一部分不能收回，形成呆账、坏账，直接影响了公司的经济效益。

应收账款不能及时、如数地收回，就会占用公司的营运资金，公司的资金周转就会出现问题，公司正常的生产经营就会受到影响。现实中很多公司正是因为资金周转不良而破产、倒闭。

应收账款收不回，给公司造成的危害是非常严重的，具体表现在如下几方面：

1. 夸大了经营成果

什么叫夸大经营成果？大家知道，既然是赊销，形成了应收账款，赊销这一块是要形成收入的，收入增加了，利润也增加了，利润增加，经营成果也扩大了。经营成果的扩大源于收入的增加，收入增加但应收账款中的钱没收回来，利润也同步夸大了。这样就夸大了经营成果，最终形成坏账。公司去冲销坏账，确认坏账的时候，利润马上急剧下降。

2. 加速了现金的流出

钱没收回来，但公司还要照常上缴税金，支付水电费、材料费、员工工资各种各样的费用，这样公司整体的现金流出是在不断增加的，也就是加速了现金的流出。

3．影响营业周期

营业周期是指从取得存货到销售存货以至收回现金为止的这一段时间。取得存货到销售存货这个时期，叫存货周转期。货销售出去到收款这个时期，叫应收账款周转期。存货的周转天数加上应收账款的周转天数，就是公司的营业周期。

只要不合理的应收账款存在，就会出现超账期，超账期越长，整体的营业周期就会越长，钱收回来就越慢。这样大量的流动资金沉淀在非生产环节上，致使公司资金短缺。钱有的压在存货上面，有的压在客户那里收不回来，资金循环中断，导致公司缺钱。公司缺钱工资发放就延后，原材料的购买也会受到影响。买原材料都没钱了，也就影响了公司正常的生产和经营。

4．增加了应收账款管理过程中的出错概率，给公司带来额外损失

应收账款多了之后，大量的账款收不回来，就已经形成了坏账。这个时候公司还在做应收账款，出错的概率肯定是增加的。因为这时客户可能已经破产了，人也溜走了，而公司的会计人员不想从账上去冲销客户的账款，也不想去确认坏账。因为一确认坏账，公司的利润就会急剧下降，而管理者也不愿意承认这一现实，账上面就挂着这个应收账款，所以出错的概率肯定是很高的，最终会导致公司资产的损失。

5．降低了资金使用效率，直接导致效益下降

应收账款收不回来就意味着公司的资金在别人手中。公司没有收到账款，又需要购买原材料，支付员工工资，还需要上缴税金，这样公司的资金使用效率肯定是很低的，就会直接会导致公司的效益下降。没有现金的流入，同步还要有现金的流出，这对于公司来说是很不利的。

公司财务不健康的另一突出表现就是不良的应收账款太多，最终被其拖垮。根据有关部门的不完全调查，中国公司应收账款占流动资金的比重为50%以上，远远高于发达国家20%的水平；在发达国家市场经济中，公司逾期应收账款总额一般不高于应收账款总额的10%，而在中国，这一比率高达60%以上。与大公司相比小公司的承受力更是“弱不禁风”，因此在应收账款问题上更要谨慎，应加强管理和催收工作。

小公司要加强对应收账款的管理

形成应收账款的直接原因就是赊销，赊销意味着你手里多了一堆白条，没有拿到真金白银。

应收账款不能及时处理，款项不能兑现，就会形成坏账。坏账是公司无法收回的应收账款，对公司的生产经营影响很大。小公司应当加强对应收账款的管理，以有效防范坏账的发生。

公司应收账款的管理包括制定科学合理的信用政策、严格赊销手续管理、采取灵活营销策略和收账政策、加强应收账款的日常管理、控制应收账款发生等几方面内容。

1. 重视信用调查

对客户的信用调查是应收账款日常管理的重要内容。公司可以通过查阅客户的财务报表，或根据银行提供的客户的信用资料了解客户改造偿债义务的信誉，偿债能力，资本保障程度，是否有充足的抵押品或担保，以及生产经营等方面的情况，进而确定客户的信用等级，作为决定是否向客户提供信用的依据。

2. 控制赊销额度

控制赊销额是加强应收账款日常管理的重要手段，公司应根据客户的信用等级确定赊销额度，对不同等级的客户给予不同的赊销限额。必须将累计额严格控制在公司所能接受的风险范围内。为了便于日常风险控制，公司要把已经确定的赊销额度记录在每个客户应收账款明细上，作为金额余额控制的警戒点。

3. 应收账款的跟踪评价

应收账款一旦形成，公司就必须考虑如何按时足额收回欠款而不是消极地等待对方付款，应该经常对所持有的应收账款进行动态跟踪分析。加强日常监督和管理，要及时了解客户的经营情况、偿付能力，以及客户的现金持有量与调剂程度能否满足兑现的需要，必要时公司可要求客户提供担保。

4. 加强销售人员的回款管理

销售人员应具有以下习惯：货款回收期限前一周，电话通知或拜访客户，预知其结款日期；回收期限前三天与客户确定结款日期；结款日当天一定按时通知或前往拜访。公司在制定营销政策时，应将应收账款的管理纳入对销售人员考核的项目之中，即个人利益不仅要和销售挂钩，也要和应收账款的管理联系在一起。

5. 定期对账，加强应收账款的催收力度

要形成定期对账的制度，每隔三个月或半年就必须同客户核对一次账目，并对因产品品种、回款期限、退还货等原因导致单据、金额等方面出现的误差进行核实。对过期的应收账款，应按其拖欠的账龄及金额进行排队分析，确定优先收账的对象。同时应分清债务人拖延还款是否属故意拖欠，对

故意拖欠的应考虑通过法律途径加以追讨。

6. 控制应收账款发生，降低公司资金风险

在购销活动中，要尽可能地减少赊销业务。一般宁可采取降价销售，也不要选择大额的赊销。公司可选择：购货方承兑汇票支付方案；货款回收担保方案及应收账款风险比较选择方案。总之，要尽量压缩应收账款发生的频率与额度，降低公司资金风险。一般情况下应要求客户还清前欠款项后，才允许有新的赊欠，如果发现欠款过期未还或欠款额度加大，公司应果断采取措施，通知有关部门停止供货。

7. 计提减值准备，控制公司风险成本

按照现行会计准则和会计制度的规定，公司根据谨慎性原则的要求，应当在期末或年终对应收账款和存货进行检查，合理地预计可能发生的损失，对可能发生的各项资产损失计提减值准备和坏账损失，以便减少公司风险成本。

把好关口，防止呆账死账的生成

通常情况下，应收账款的形成与公司赊销政策密切相关，其规模往往与销售收入正相关，即销售收入增长将引起应收账款规模的增长。公司信用政策过于宽松，导致应收账款规模迅速扩大，一旦货款不能回笼，公司将陷入“账面利润多多，账户资金空空”的虚假繁荣的窘境，公司会计利润将大打折扣。

应收账款如果控制不力，公司的利润将被大量的呆账和死账消耗殆尽。要防止这种情况的发生，小公司就要从以下几个方面把好关口：

（1）进货情况。主要是进货的时间、频率及数量，如果客户在淡季多次大批量进货，显然是不正常之举。

（2）销售方式。注意客户有无恶意窜货跨区域销售、“放血”削价抛售、“跳楼”清仓甩卖等行为。

（3）人事变动机构调整。主要是原来负责对口工作的相关人员调离或组织机构撤销。一旦有变动或调整，务必要求客户办妥移交手续，最好是以公司法人身份做出货款确认工作，以防“赖账”现象发生。

（4）付款时间。如果一向按时足额付款的客户一再要求延长付款时间或分批支付货款，其中必有蹊跷，要引起警惕，细察其中缘由。

（5）经营方向。实力本来就不济的客户突然转向投资或兼营其他行业，在财力和人力上必然勉强。如果失败了，本公司很可能就成为客户倒账的对象。

此外，不可抗力的因素，如政府要求大面积地拆迁以致客户不得不停业，同样可能导致呆账死账产生，这也是需要引起注意和防范的。

制定预警制度，确保资金回笼

要想避免应收账款收不回来的现象发生，减少、杜绝坏账，小公司就要从内外两个途径来入手。外部要做好客户的信用调查、评价工作，减少、中断与信誉不良的客户的合作，与信用度高的客户建立起良性的合作关系。内部要制订应收账款预警制度，建立完善的内部控制制度。完善的内部控制制度是控制坏账的基本前提。

1. 建立应收账款预警和责任制度

对公司经营过程中产生的风险采取预警制度能够有效防范公司风险，把风险由事后控制转到事前控制。

例如，根据赊销客户的实力、信用状况，设定对该客户的最高赊销额和最长赊销期。超过这一额度就停止发货，对事实上高于设定最高赊销额的客户坚持每月的收款大于供货，逐步压缩到最高赊销额以内。

在设定最高赊销额的同时，设定最长赊销期，由业务人员在到期前跟单催收，如到期未收回欠款，则立即停止供货，组织人员追款。

对于应收账款的管理要明确经济责任，形成一项健全的制度，对于经常发生坏账损失的应收账款要追究相关责任人的责任。

比如，明确划分责任范围，对负责经办赊销业务要有严格的授权审批制度，并要求该业务人员对应收账款的最终收回负责。

明确规定监督部门的责任，防止责任管理流于形式。

2. 健全应收账款的内部控制制度

首先，要将职责分工控制，在赊销业务中，赊销批准与销货职能应分离，发货、开票、收款、记账职责相分离。

其次，授权审批控制，包括赊销、发出货物、销售价格、销售条件、运费、折扣、坏账等必须经有关人员审批。

最好将凭证和记录控制，包括建立各种凭证、账簿制度，及时记账、登账。

最后，还需要检查控制，定期核对应收账款的总账和明细账，并做好内部核查制度，对销售与收款业务的岗位设置、制度执行以及销售、收款进行管理。

3. 加大清账力度，确保资金及时回笼

公司应重视应收账款的清账工作，主要以业务部门和营销部门为责任中心，建立专门的清账队伍，将清收呆账、坏账纳入业务部门和营销部门的年度考核指标体系中，按内部管理制度进行奖惩。

在呆账、坏账产生后，公司应在区分责任的前提下，认真分析呆账、坏账产生的原因，针对不同性质的客户，分别采取不同的清账方法。

对有偿付能力而故意拖欠的客户，采取上门追讨等方式，必要时可以诉诸法律，通过法律手段清收；对确实无力支付的客户，可以通过双方协商，以物抵债、债权减让等方式清收，以确保资金及时回笼。

用活信用政策，加速账款回收

对于公司来说，产品光卖出去还不行，还必须能尽快地收回货款。

公司销售商品的形式无外乎三大类：现销、赊销、预收货款。现销，主要是一手交钱一手交货的方式，这种方式对双方均有好处；赊销，前文已经说过，是公司销货在前，收款在后的销售方式，实际上这也是公司向对方提供信用融通的一种形式；预收货款，是公司收款在前，发货在后的销售方式，对销货公司来讲，当然最喜欢这种方式。

从经营方式上看，公司的现金流入主要靠销售商品，提供劳务和对外投资，其中销售商品、提供劳务引起的现金流入占很大比例，同时，这部分的现金流量也直接关系到筹资、投资收益等部分的现金流量。

管理者们也似乎很清楚这个道理，但也常常处于一种很尴尬的境地：若执行较严的信用政策，加速收款的话，则易引起销售的停滞；若执行较为宽松的信用政策，固然可以促进销售，但现金流量又很难保证。

加速收款是公司运作的一个中心原则，但这个原则也要因公司因事而异。具体来看，是要综合考虑几方面因素的：

（1）客户的信用状况。

（2）该信用政策将导致销售量的变动。

（3）拖欠货款损失的机会成本。

（4）催账的成本。

（5）公司对现金流量的需求状况。

在具体运作中，公司可采用这样的一个办法来具体指导行动：对客户的不同状况加以分类，确定每位客户的坏账比例。通过不同坏账比例的客户做比较：若实行某种信用政策后，所引发的销售收入的增加量大于拖欠货款所损失的机会成本和催款成本之和，此时的信用政策是恰当的；否则，就是不当的。

这就需要管理者掌握一份有关客户的信用状况资料。对一贯较守信用的重要客户，适当放宽信用政策，晚收一下货款是可以接受的；相反，对一贯信用较差的客户，无论其有多么大的需求量，也不要放松信用管理条件，因为那样只会损失货物而不会收回货款。

对新客户，管理者最好不要轻易放松信用条件，特别是在彼此尚无可信赖的合作的前提下，最好不要给对方赊销的政策。

公司处理欠款的关键是事前把关，特别是做好信用政策的灵活管理，这样才能真正确保加速收款的实现。现实中管理者还会碰到各种问题致使货款难以收回，应对的收款技巧也是五花八门，但中心的原则只有一条：区分对方的信用条件。若对方根本不具备偿还能力，无论多么好的技巧也难以奏效，你只能自认倒霉；只有在对方具备偿还能力的前提下，你的收款技巧才会有效。

设置好应收账款明细分类账

为加强对应收账款的管理，小公司应当设置应收账款明细分类账，按信用客户的名称，详细地、有序地记载与各信用客户的货物往来和账款的兑付情况。

会计的作用在于提供与决策相关的信息，应收账款明细分类账在应收账款的管理上正是充当了这一角色。但是，决策的正确与否，还将取决于信息的相关性、可靠性、及时性和完整性等特征。所以，对于应收账款明细分类账的设置与登记通常应注意以下几点：

（1）全部赊销业务都应正确、及时、详细登入有关客户的明细分类账，随时反映每个客户的赊欠情况，根据需要还可设置销货特种日记账以反映赊销情况。

（2）赊销业务的全过程应分工执掌，如登记明细账、赊欠客户的赊欠账单、向赊欠客户交送或邮寄账单和处理客户收入的现金等，都应分派专人负责。

（3）明细账应定期同总账核对。

影响应收账款收回金额的因素通常有：

（1）销售折扣中的现金折扣。

（2）销货退回与折让。

（3）销货运费归谁负担。

（4）坏账因素。

这四方面的资料都将在应收账款明细账与销货日记账中得到详细的记录。对这些情况的掌握，不光对维护应收账款的完整性有利，而且还利于公司对生产经营的控制，提高产品质量，改善公司的生存环境。比如，第二个因素，通过大量的退货与折让的信息可了解到公司的产品质量如何，客户的消费偏好如何，客户对公司的产品质量、包装、外观及功能有些什么喜好。

重视应收账款账龄和回收率分析

应收账款如不如期、如实兑现，公司的资金周转就会受到影响，对公司的经营就会产生非常不利的影响。

公司应当采取各种措施加强对应收账款的管理，对应收账款进行追踪催收，同时还要进行应收账款的分析，确定回收的难易程度，以制订不同的回收方案，以提高应收账款回收的效率。

应收账款的分析主要包括应收账款账龄分析和应收账款回收率分析。

1. 应收账款账龄分析

一般来讲，应收账款逾期的时间越长，催收的难度越大，成为坏账的可能性也就越高。

应收账款账龄分析就是考察研究应收账款的账龄结构。所谓应收账款的账龄结构，是诸多应收账款的余额占应收账款总计余额的比重，账款的使用时间越短，收回的可能性越大，亦即发生坏账损失的程度相对越小。反之，收回的难度及发生坏账损失的可能性也就越大。

因此，对不同拖欠时间的账款及不同信用品质的客户，公司就应采取不同的收账方法，制订出经济可行的不同收账政策、收账方案。对可能发生的坏账损失，需提前有所准备，充分估计这一因素对公司损益的影响。对尚未过期的应收账款，也不能放松管理与监督，以防发生新的拖欠。

2. 应收账款回收率分析

应收账款回收率是财务分析评价中的经营能力指标之一，它是指公司在一定时期内收回的应收账款与应收账款的占用及发生额之间的比率。

影响公司应收账款回收率的主要因素是时间、债务人偿债能力和客户的信用等级。

其计算公式为：

应收账款回收率＝应收账款收回额÷应收账款占用及发生额×100%

其中，应收账款占用及发生额为年初应收账款余额与应收账款全年借方发生额的合计数。

应收账款回收率指标，能够真实、正确地反映公司应收账款的变现速度。

加快应收账款回收速度，使在流动资产中占较大份额的应收账款及时收回，能够减少营运资金在应收账款上的呆滞占用，从而搞活公司营运资金，提高公司的资金利用效率。

该指标较高，说明客户付款及时，公司收款迅速，公司资产流动性强，偿债能力强。

公司发生坏账损失的风险减少，公司信用政策执行情况才会良好。

并且，通过该指标的计算，还可以间接地看出公司的赊销规模大小。

及时核销坏账，减少公司损失

应收账款因赊销而存在，应收账款从产生的那一天起就存在可能收不回来的风险，即发生坏账的风险，可以说坏账是赊销的必然结果之一。

为了缩小公司的损失，维护资金的安全运行，小公司有必要实行严格的坏账核销制度，做好坏账的核销工作。

（1）坏账核销凭证完备，要有完整的程序。

核销坏账，首先要准确地判断某一应收账款是否为坏账，而且坏账的核销要有依据，对于永久性坏账的核销要有客观的媒体报道，像债务人的死亡或破产。

坏账核销要做好详细记录，做到一账一清。

（2）核销坏账，应在应收账款明细分类账中清晰、准确地记载。对已核销的坏账仍要进行专门的管理，只要债务人不是死亡或破产，只要还有一线希望都不能放弃，仍然要派专人进行催收，同时还为以后的核对及审查留下信息。

（3）对已核销的坏账又重新收回要进行严格的会计处理，先做重现应收账款的会计分录，后做收款的会计处理。这样做有利于管理者掌握信息——客户希望重塑良好形象的愿望。

坏账核销要由两人或两人以上经手，定期核对。

准确地判断坏账及其多寡并不是一件容易的事情，而两人以上的经手为防止舞弊提供可能，避免贪污行为的发生——如某位销售员将已收回的应收账款装入自己的口袋而向上级申报为坏账。

（4）责任分离与岗位替换。

分离责任不仅有助于保证精确地编制数据，还堵死了两人或多人合伙舞弊的漏洞，这是一个异常重要而又经常被人忽视的问题。岗位的替换可以带来两个好处：第一，它保证至少有两名雇员做同一样的工作，这样，当其中一个因故不能出勤时，另一人能及时补上；第二，采用轮换制度可以预防舞弊行为的发生，因为当替补人员接替工作时可以很容易地发现前任的不轨行为。

◤ 把握时机，快速追讨回公司欠款

公司经常会遇到头痛的欠款问题，公司管理者有必要掌握一套快速追讨欠款的方法。

以快取胜，兵贵神速，打仗如此，追欠款亦是如此。打仗贻误战机要失败，追款贻误时机则同样会追悔莫及。机不可失，时不再来。对“讨债”来说，时间就是金钱，时间也是机遇，时间还可以是证据，时间里面出效益。

某小公司的施工队因生产产品需要一批材料，便委托个体运输户刘某代为购买后一并拉回，并预先支付了4.2万元货款。但是到了约定日期后，刘某既不交货又不还钱，该公司避而不见。无可奈何的公司管理者找到律师帮忙。

经过仔细地调查了解，律师得知刘某已将施工队的4.2万元材料费充抵了外欠的一部分债务，并发现刘某的经营活动严重亏损，外欠债务很多，目前正在联系卖掉自己的汽车。于是建议管理者尽快向人民法院起诉，并提出财产保全申请。由于管理者动作迅速，案件经人民法院审理后，刘某卖掉汽车，优先偿还了施工队的4.2万元材料款。

消息传出，另外几家债权人纷纷赶来，主张权利，但为时已晚。此时的刘某已经资不抵债。由于慢了半拍，几家债权人只得空手而返。

此案中的管理者可以说做到以快取胜了。管理者及时寻求律师帮忙，不失时机地向人民法院提起民事诉讼和财产保全请求，捷足先登，追回欠款，使公司避免了损失。

京郊有一乡镇公司，因产品销路不畅，准备转产。就在他们为开发新产品而四处求助时，一位“教授”主动相助，提出了由其提供技术、市场，并负责采购原材料；由该公司提供场地、资金和劳务，共同生产新一代矿泉水发生器的建议。并详细地描绘了产品的广阔市场和光明前景，反复强调一年即可收回20万元投资，对此，厂领导很感兴趣，愿意与之在该领域进行合作。“教授”遂提出了去广东、上海选购有关设备，厂领导满口答应，并通知会计支付“教授”2万元现金。

“教授”拿钱走后，厂领导们也冷静下来，感到很不踏实，虽说他拿出了学历证明等证件，可这人拿着钱走了，到哪去找？赶紧去找律师讨教。

经过分析，律师认为：办厂一事有诈，但种种迹象表明“教授”不会就此罢休，还要回来的。事情的发展被律师言中，半个月后，“教授”返回，大谈此行的经历。提出广东的一个地方有一套二手设备，价值20万元，现在有自己的面子，15万元即可成交，要厂里迅速拿钱购回。于是，厂方决定由律师出面与“教授”签订联营的合同。“教授”见到律师后，不但不签订合同，还以厂领导不信任他为由，拔腿要走。律师当即要求其归还预支款，“教授”自知理亏，只得如数归还了欠款。

事后得知，此“教授”在京郊的乡镇公司中连续做了几家的口头联营生意，不少厂家都在找他算账。由于律师的及时参与，避免了公司落入骗局，并且追回了2万元的损失。

通过上述案例可以看出，律师在承办案件中都较好地把握住了“快”字。受理案件后，迅速进入工作状态，透过表面现象抓住实质及时拿出对策来，而不是观望和等待。

特别是对那些经营状况不好的小公司，“快”字更为重要。动作快，可以及时、快捷地追回债务，为公司把损失减到最小；动作缓，就可能一步跟不上，步步跟不上，造成满盘不活的被动局面。动作快还可以有效地防止有关当事人逃避义务，或人为制造种种障碍，还可以避免公司的倒闭、兼并、撤销等复杂情况的出现，从而达到“出其不意，攻其不备”的致胜效果。

按程序催款，按规矩收账

客户拖欠货款一直是困扰很多公司的问题。特别是小公司，资金实力有限，被大量呆账、坏账所拖累，导致亏损、倒闭、破产的事情时有发生。在竞争激烈的市场环境中，小公司如何做到既抓住客户，占领市场，又减少应收账款带来的损失呢?

通过总结各行业催收欠款的经验及案例，我们归纳出如下的步骤和方法，对公司尽速催收货款，避免资金被占压造成的损失，避免出现坏账将有所帮助。

1. 签订合同前应当注意的风险

（1）评估对方付款能力。签订合同前管理者要尽一切可能了解对方的情况，评估对方履行合同和付款的能力，千万不能掉以轻心。能签订业务，固然是好事，但不能为了签单而签单，否则带来的不是利润，而是不可预知的风险。

（2）关于传真合同的问题。传真是订立合同的一种合法、方便、快捷的方式，但也存在着不少缺点：合同的签订，需要一方签字盖章传至对方后，由对方签字盖章确认后再回传，经过两番传真，回传的合同，字迹、内容就难以确保清晰，在这种情况下，应当要求对方重传，就算自己明白传真是什么内容也须如此。因此，建议能面签合同的尽量不用传真；如非要以传真方式订立合同，则须确保传真件内容清楚。

（3）明确条款，防止产生歧义。对于标的物名称、规格清楚约定，明确检验期、违约责任、争议解决条款等主要内容。

2. 履行合同中应当注意的风险

（1）关注送货单签收。因为这是关系到公司是否履行合同义务的凭证，送货单上须有对方的签字盖章，如送货单上无对方盖章或签字，进入诉讼后，对方完全可以不承认收到货物，以对抗公司要求其支付货款的请求。送货单上对方的签收盖章最利于己方，次之为签字，但签字也应由合同中指定的收货人签字，否则，对方可能不承认签字人是对方工作人员。同时还须注意保存好送货单，否则就无法证明己方已交付了货物。

（2）送货单、发运单等单据填写要规范。例如，合同约定发货1000个，发货单上却填写“100件”，而这里的“1件”是否为“10个”，无从证明。总之，合同约定数量为“本”，则发货单上应当注明为“本”，约定数量为“份”，发货单上亦应注明为“份”。依此类推，送货单、发货单收货人名称要全称，且与合同名称一致。如果收货人不是合同上写的收货人时，应加上合同当事人的名称，才能保证公司权利。

3. 一旦出现拖款，及时进行风险评估

一旦客户出现拖款行为，及早进行风险评估。综合考量货款期限的长短、货款金额大小及类型、客户的信誉度、负责人人品情况、资金实力、经营情况等诸多因素。

特别要动态地了解该公司的一切异常情况。之所以要这样，一则是为催收措施的选择打下基础，二则是防止对方出现“溜走”行为。

4. 上门催收并索要确认函

当对方拖欠货款成为不争的事实后，就及时派人上门催收。催收人员催收欠款时应不亢不卑，陈述事实及己方的难处，要求对方及时付款。这时对方总会以“合理”的借口要求顺延一段时间，对此一定要让对方确定具体日期，同时顺理成章地要求对方签署确认函等相应的文书，以书面形式确认货款数额和对方承诺付款的日期。支付货款的时间是对方单方提出要求的，签署文书只是对自己承诺的确认，这是对方很难拒绝的。上门催收，形式重于实质，旨在取得承诺、保留证据，为以后的工作打下基础。

5. 区别对待，确定具体催收方式

如果到了承诺付款的时限，对方仍不能履行付款义务，说明对方信用或支付能力真的出现问题，应及时采取如下措施：

（1）自己采取一切可能的、不涉及刑事责任的手段和途径，给对方施加压力，促使其立即还款。通用方式为：①不停地电话催收。②书面函件催讨，书面催收用词应该因客户而异，或严厉或委婉；同时书面催收还有使诉讼时效中断及保留证据的作用。③不停地上门催收，建议首先由跟单的业务员或财务人员出面，给自己留下更大的空间。

（2）委托律师发送《律师函》，告知其违约的事实及法律规定，如仍拖延付款将提起诉讼，对方不但要归还欠款，还要承担逾期付款的利息、诉讼费；同时在起诉时将采取诉讼保全措施，冻结对方账户。面对《律师函》对方自会认真考虑。

6. 及时向法院提起诉讼

如果通过上述工作对方仍不付款，经充分评估后建议及时提起诉讼，通过法律途径追讨。虽然诉讼有个两年时效，但不能凡事都拖到最后再来解决，否则时间拖得越久就越难解决，即便胜诉，也会面临一个执行难的问题。

7. 催收货款中几个必须注意的问题

（1）证据保留意识。真正有理的不一定能赢官司，诉讼必须有证据支持。客观事实无法还原，法院只能根据证据材料所能证明的法律事实来进行裁判。这就需要规范化地保留与所有与交易相关的证据材料。

（2）避免牵涉质量问题。在很多与欠款有关的诉讼中，被告往往以质量不符合要求作为抗辩理由或者提起反诉要求赔偿损失。因此在交易中一定要明确验收时间，完善验收制度，有问题及时处理，并一定避免事后给对方留下相关的不利于己的证据。

（3）催收方式把握限度。一定杜绝人身攻击和伤害，否则将使己方陷入极为不利的境地。

◤ 催款是个技术活，要讲究策略

收款难是公司普遍遇到的问题。我国由于信用管理体制不健全，收款的难度更大。“求人不如求己”，与其寄希望于司法机关对赖账的处罚，不如自己努力学习一下收款的策略和技巧。

催要账款不能言语或行为过激，责骂对方甚至动粗，这样做会加大催款的难度，是要极力避免的。催要账款有策略，策略或许不能保证你收回所有的钱款，但是会大大增加收回货款的可能性。

运用以下的策略，有助于小公司提高催款的效率，更容易追回账款。

1. 及时、频繁和有力度是收款的有效策略

任何债务，拖的时间越久越难要回来。很多钱款是由于公司没有及时提醒客户造成的。大多数人都希望用别人的钱办自己的事，对于债务人来说，这种心理更强烈。大多数客户都是等到提醒才付款的。提醒得越早，你就会越早得到货款。

一般情况下，债务人都是先把钱还给催要频繁的债权人。但是频繁不是天天打电话或者上门要钱，而是按照签订的合同，在合理的期限内适度提醒客户。过于频繁，会影响与客户之间的关系。

有些人认为追债就是天天打电话或者上门和客户聊天而已。其实不然，催债一定要让客户感觉到你的“力度”。首先要有力，一定要让欠款人感觉到压力才行。例如，你的公司在市场上有很大的竞争力，你可以用终止双方的合作关系让对方感觉到潜在的压力。其次要有度，要根据客户欠款的长短，选择不同的态度和方式收款。

2. 选择合适的时机，采用正确的方式

有的公司往往因为掌握不好催款的时机而陷入被动。例如，一周什么时间打电话就是值得琢磨的。一般而言，上午打电话比下午好。周二至周四又好于周一、周五。因为周一往往很忙，对各种工作会比较厌烦。周五，债务人往往会设法将问题推到下一周来解决。

在合适的时间里还要保证做对了事情。例如，你找的人是不是能做决定的人。但是，最好不要直接去找公司老板去要账，找到能做决定又不是花自己钱的人，是最好的选择。

还有，知道债务人的弱点是什么，然后对症下药也很关键。“打蛇要打七寸”，催款也适用这个原理。

3. 选派合适的人去要账

有的公司是让销售员去催款，并以能否收回货款作为其业绩的评定标准。这种做法的好处是，刺激了销售员去催款。同时由于销售员对订单十分了解，让他们催款会非常方便。但是这种方式也有弊端，因为销售员总是有宽容客户的心态，从而造成客户延期付款。有些公司用财务人员去催款，他们一般比较严谨，但是他们不太了解情况，有时难免会破坏与客户之间的关系。然而，不论是销售员还是财务人员，并不是每个人都适合做催款工作的。

作为管理者，挑选合适的人去要账是一项重要的工作。催款人员应该具备哪些素质呢？一个合格的催款员必须具备基本的贸易知识、财务知识、法律知识和社交知识。只有这样他才能对货款有正确的认识，并能够从双方的合作关系、信用影响、法律后果等方面向客户阐明尽快付款的道理。

另外，良好的表达、沟通能力和随机应变的能力也是催款员应具备的。客户往往会提出各种借口来拒绝付款。催款员应该具备识别各种借口的能力，支持有利原因，反驳无理借口，否则会轻易地被客户的无理借口打发走。例如，客户常常会这样回答："我们已经付款给你们了，支票已经寄出。"千万不要高兴，这可能只是一个借口。有经验的催款员可能会这样应对："谢谢您。请您告诉我支票的号码和汇出的日期好吗？如果我们没有收到，我会再打电话给您。"

催款员应该具有很强的心理承受能力。很多情况下，催款实际上是债务人和债权人心理之间的较量。特别是遇到恶意欠款的人，催款人往往会被对方的态度吓住，放弃了催款的努力。催款人要保持不卑不亢的态度，要保持平静的心态。这样给债务人的压力反而比随意动怒要大得多。

13个催款小技巧，让死账“复活”

如果人没有血，就无法存活。如果把公司比作一个人，那么资金就好像人身体里的血液，贯穿整个全身，公司无资金，也是无法运转。很多公司倒闭的原因都是因为资金回笼不及时导致资金链断裂。然而，客户拖欠货款又成了资金回笼的“瓶颈”。因此，公司有必要动用人力向客户催款，追讨账款。

每个公司都会遇到催单、催款事件，这是我们管理者们的“心病”。如果账款收不回来，那就成了“死账”，就会给公司带来很大的负面影响，公司不仅难以进行正常的生产经营，甚至会倒闭、破产。所以，该如何更好、更妥善地解决回笼资金的问题，是公司管理者的必修课。

下面介绍13种合法的催款技巧，希望能给小公司的管理者和催款人员有所帮助和启示。

（1）催款应该直截了当。催款不是什么见不得人的事，不要不敢开口。也不需要什么妙言妙语，最有效的方式就是有话直说，千万别说“对不起”“不好意思”之类的话，或说话拐弯抹角，支支吾吾。

（2）在采取行动之前，先弄清客户拖欠的原因。是疏忽，还是对产品不满；是资金紧张，还是故意，应针对不同的情况采取不同的收账策略。

（3）直接找初始联系人。千万别让客户互相推诿，牵着鼻子走。

（4）不要做出过激的行为。催款时受了气，再想办法出出气，甚至做出过激的行为，此法不可取。脸皮一旦撕破，客户可能就此赖下去，收款将会越来越难。所以说，和气生财。

（5）不要怕因催款而失去客户。到期付款，理所当然。害怕催款引起客户不快，或失去客户，只会使客户得寸进尺，助长这种不良的习惯。其实，只要技巧运用得当，完全可以将收款作为与客户沟通的机会。当然，如果客户坚持不付款，那么，失去该客户也没什么大不了的。

（6）当机立断，及时中止供货。特别是针对客户“不供货就不再付款”的威胁，否则只会越陷越深。

（7）收款时间至关重要，坚持“定期收款”的原则。时间拖得越久，就越难收回。国外专业收款机构的研究表明，收款的难易程度取决于账龄而不是账款金额，2年以上的欠账只有20%能够收回，而2年以内的欠账80%能够收回。

（8）最大的失策之一是要求先付一部分款。经验证明，应该要求全额付款，虽说拿到一点总比一点没拿到好，却不如收回更多。

（9）采取竞争性的收款策略。只要客户还在营业，他总得向供货商付款。如果你没有收到钱，那他肯定是给了别人。获得优先付款机会的供应商通常是与客户保持长期良好业务关系和个人关系的公司，因为谁都不愿意跟朋友闹翻脸。

（10）收款要有“钻劲”，要有穷追不舍的精神。对债务人可实行“三紧跟”的战术，即紧跟在办公室里，紧跟在吃饭上厕所的后面，紧跟在下班回家的途中。滴水石穿，绳锯木断，有时确也起到了“功夫不负有心人”的作用。

（11）收款要有“柔劲”。从道义上讲，欠别人的款，心有歉意，理应对债权人礼宾相待。但不少欠债方，有的对你板着老脸，有的对你不屑一顾，有的甚至不让你进门。此时就得屈尊就下，用兵之计，攻心为上，说尽人间好话暖语，赔上一个真诚的笑脸，实施“情感投资”，精诚所至，只为争金石所开。

（12）收款要有“韧劲”。清收账款是一项长期艰苦的业务，讨债时要有一种坚韧不拔的毅力，哪怕别人无理地对待你，也须忍辱负重，坚守阵地。临阵逃脱，只会前功尽弃。看见了一丝曙光，绝不放过机会，同时要学会诉苦，不能同情对方，相反要让对方同情。

（13）求助于专业收账人员或诉诸法律。总有一些骗子和不讲理的客户存心赖账不还，与他们讲理无异于“对牛弹琴”，采取正常的收款方法往往难以奏效，而一些很不正规、甚至别出心裁的催账方式则时有奇效。因此，当收款难度较大时，可以请那些有特殊收款能力和丰富收款经验的“专业收账人员”去收账。如果此法仍不能奏效，唯一选择就是直接诉诸法律。

通过上述的13个催款小技巧，相信有很多“死账”会“复活”，给公司以复苏的机会。

第四章

降本赢利术，

既要花得少又要赢得多

公司账户上利润比往年增加了，你心中窃喜，但细算一下成本，你吓出一身汗：成本怎么这么高？公司没赚钱，反倒赔钱了！

只盯着利润，不重视“隐没成本”，就会导致“隐没成本”成为公司发展的绊脚石。小公司管理者要时刻紧绷“成本”这根弦，要将成本控制纳入每一项决策中，让每一笔投资都能“物超所值”，力求以最少的耗费取得最大的成果。

成本控制是公司利润之源

23岁的赖安·艾利斯和27岁的亚伦·豪克顿在大学时就有了创办iContact公司的想法，2003年他们正式创立了这家电子邮件营销服务公司。艾利斯回忆起创业初期的时光是这样说的："我们住在办公室里，睡在蒲团上，在一台烧烤架上做饭，吃掉了很多拉面。这是典型的创业生活体验。"他说，"我们竭尽所能地省钱、增加收入。"艾利斯说印象最深刻的一件事就是，在别人丢弃的办公椅包装盒里到处翻找购物凭单，只为了能凭此获得斯泰博公司（Staples，知名的办公用品商）提供的50美元折扣。

他们学会了谈判和讨价还价，从技术成本和商业账户收费到网页设计师以及印刷公司。"某件东西上贴着个标价签并不意味着就没有还价的空间了"，艾利斯说，"他们能做的最坏的事不过就是告诉你'不行'，但太多的创业者甚至都没有问问是否还能还价。如果你是用现金支付，就更有利于讨价还价。"

另外，他们还懂得寻求便宜的技术工具。有那么多的低成本和免费的软件解决方案，他们要做的就是去找出来。10年之前，在线营销工具非常罕见，而且价格非常高，现在这些工具越来越好用，也非常便宜了。他们用自己能找到的所有技术来低成本地构建和营销他们的业务——从博客到电子邮件新闻列表，用很低廉的价钱就拥有了许多和那些资金更雄厚的大公司一样先进的技术。

如今，iContact公司的年销售达到了约1500万美元。

难怪他们的公司可以发展迅速，从俩人控制成本的方法就可以看出来，他们竭尽所能地降低成本，而那些都成为最初的利润。

公司是以营利为目的社会团体，追求的是经营利润最大化，开展各项活动的最终目标是实现公司价值最大化，进行成本控制是实现这一目标的重要手段。而对于资金和经验都相对缺乏的小公司来说，成本控制更是公司获得利润乃至关乎生存的关键因素。

成本降一成，利润翻一番

成功的企业家会把降低成本看成公司成功之道。比如，金融帝国花旗银行的CEO桑迪就是一个压缩成本的好手，他甚至会对一张纸的浪费暴跳如雷。对于他能看到的每一件可能浪费成本的事情，无论大小，他都要雷厉风行地砍掉。

根据利润的计算公式：利润=收入-成本，一个公司要想追求利润，方式有两种，一种是增加收入；另一种就是降低成本。

我们习惯把1看作利润，9看作成本，10看成收入。10-9=1，这就是公司的管理公式，是公司管理者必须高度管理的数字。

数字1是利润，是1成，也就是10%，全世界五百强公司的平均利润也只有

11%到15%，说明我们公司的利润真的来之不易。

公司要增加收入，就要在提高产品质量的基础上，加大营销和促销的力度，做好客户服务工作，从而扩大产品的销量，提高营业利润。产品质量的提高需要日积月累，营销通常是公司的堡垒，促销和服务也要花费大量的时间和一定的成本，而控制成本则是公司相对容易做到的。

成本是一个公司的大后方，是公司维持简单再生产的补偿尺度，在一定的产品销量和销售价格的条件下，产品成本水平的高低，不但制约着公司的生存，也决定着利润的多少，而且还制约着公司再生产扩大的可能性。当然企业家应既看到耗费，又重视收入，这是对成本性质完整的理解。在商品生产条件下，耗费和收入是对立统一的。任何耗费总是个别厂家的事，而收入则是整个社会的标准—— 一袋洗衣粉不可能卖到一架飞机的价格。耗费的大小决定着利润的大小，因此管理者应当重视成本，努力加强成本管理，力求以较少的耗费来获取最大限度的利润。

某种产品售价不变，在采用新技术生产节约10%成本后，利润就可能比原来翻一番。小公司管理者对于每一项决策都要谨慎考虑，对于每一项开支都要仔细掂量，将开源和节流放在同等重要的位置上看待，以数字考核衡量一切。小公司管理者每天必须聚焦的数字就是10-9=1，增10降9。公司管理必须是数字管理而不是语文管理。

不要重蹈“皮洛士的胜利”

皮洛士生于亚历山大大帝死后分裂的古希腊，是小国伊庇鲁斯的王子。皮洛士一生醉心于亚历山大的“伟业”，企图在地中海地区建立起一个大国。

公元前281年，皮洛士率领大批军队进攻罗马。在阿普里亚境内的奥斯库伦城附近，双方展开激战。在这次战斗中，皮洛士的损失极其惨重。虽然最终皮洛士赢得了胜利，却损失了大批有生力量。战斗结束后，大家向他表示祝贺，皮洛士却眺望着堆满战士尸首的战场，叹息道：“要是再来一次这样的胜利，我就彻底垮了。”

这是著名的“皮洛士的胜利”，经济学中，将其引申为成本太高而收益过少的经济行为。

在市场经济中，利润最大化与成本最小化是公司永恒的主题。一个公司要想达到利润最大化，就必须对投入要素进行最优组合以使成本最小。

“守株待兔”的故事，在经济学家的眼里可以用来阐述成本最小化原则——付出最小的成本获取更多的“兔子”。

故事里的农夫其实并不傻，他知道比较自己的收益和成本。而且知道在树下等撞死的兔子，比一年年地种地要来得轻松，付出的成本也小很多，显然，守株待兔是农夫成本最小化的重要途径。

只不过，农夫混淆了成本最小化与不付出成本的界限。成本最小化不是不付出成本，事实上，公司每获得一笔收入，都需要付出相应的成本。而考验管理者水准的，就在于如何让成本尽可能最小化，让每一笔成本都能做到“物有所值”。

没有人愿意做赔本的买卖，公司也都不希望重蹈“皮洛士的胜利”。尤其对于资金有限的小公司来说，更应当对成本斤斤计较，通过合理地缩减成本，来实现利润的最大化。

小公司管理者要懂得为公司控制成本，达到成本最小化，为此需要做好以下几个方面的工作：

第一，加强控制措施，减少无效消耗。

无效消耗是指获得产品不应发生的消耗，是控制的对象，要通过一系列措施对这一消耗进行控制，使其降低到最低点。

第二，加强公司管理，促进管理水平和技术水平的统一。

成本控制是从管理方面对技术工作提出要求，如开发新产品、提高质量等，因而能够促进科学技术转化为公司效益。同时又通过技术进步对经营管理水平提出更高的要求，从而达到了管理水平和技术水平的统一。

第三，加强内涵控制，推动外延控制。

公司的成本控制工作，分为两大阶段：内涵成本控制阶段和外延成本控制阶段。内涵控制是对公司内部因素的控制，外延控制是对外部因素变化的应对。

随着原材料价格上涨、公司增支减利因素不断增加，外延控制成为成本控制的重点。因此，公司必须由以内涵控制为主转向以外延控制为主，并逐步形成外延控制体系，从而极大地提高公司的应变能力、消化能力和发展能力，逐步使成本达到最小化。

小公司管理者必须是个精明的会计师，在计算成本时，不仅要将生产所投入的物质原材料作为成本，而且要将公司的人力资源成本、能源成本、管理成本以及营销成本等，都作为影响公司利润收成的关键性因素来考虑，无时无刻不将成本概念纳入每一项决策考量中，让每一笔投资都能“物超所值”。

建立成本控制标准，做好预算

成本控制的基本程序包括建立成本标准、成本差异分析、业绩评价与奖惩等环节。建立成本控制标准，是其中的一个重要环节，它为以后的差异分析及纠正差异打下了良好的基础。成本控制标准可以有多种选择，比较常用的有标准成本和弹性预算。

1. 标准成本

标准成本是通过精确调查、分析和技术测定而制定的，用来评价实际成本、衡量工作效率的一种预计成本。

在标准成本中，基本排除了不应该发生的浪费，因此被认为是一种“应该成本”。标准成本体现公司的目标和要求，主要用于衡量产品制造过程的工作效率和控制成本，也可用于存货和销货成本计价。

制定标准成本，通常首先确定直接材料和直接人工成本，其次确定制造费用的标准成本，最后确定单位产品的标准成本。无论是哪一个成本项目，都需要分别确定其用量标准和价格标准，两者相乘后得出成本标准。用量标准包括单位产品材料消耗量、单位产品直接人工工时等，主要由生产技术部门主持制定，吸收执行标准的部门和员工参加。

价格标准包括原材料单价、小时工资率、小时制造费用分配率等，由会计部门和其他相关部门共同分析确定。采购部门是材料价格的责任部门，人力资源部门和生产部门对小时工资率负有责任。各生产车间对小时制造费用率承担责任，在制定有关价格标准时要与这些部门协商。

2．弹性预算

所谓弹性预算，是公司在不能准确预测业务量的情况下，根据本量利之间有规律的数量关系，按照一系列业务量水平编制的有伸缩性的预算。只要这些数量关系不变，弹性预算可以持续使用较长时间，不必每月重复编制。弹性预算主要用于各种间接费用预算，有些公司也可用于利润预算。与固定预算相比，弹性预算是按一系列业务量水平编制的，从而扩大了预算的适用范围；在弹性预算中，无论实际业务量达到何种水平，都有适用的一套成本数据来发挥控制作用。同时，弹性预算是按成本的不同形态分类列示的，便于在预期结束时计算“实际业务量的预算成本”（也即按实际业务量计算应该达到的成本水平），使预算执行情况的评价和考核建立在更加现实和可比的基础之上。

弹性预算的主要用途是作为控制成本支出和评价、考核成本控制业绩的工具。在预算期开始时，提供控制成本所需要的数据；在预算期结束时，可用于评价和考核实际成本。编制弹性预算的基本步骤是：选择业务量的计算单位；确定适用的业务量范围；逐项分析并确定各项成本和业务量之间的数量关系；计算各项预算成本，并用一定的方式表达。

成本再小也是一块“肥肉”

在现实中，很多公司管理者对成本都有一种误解：认为成本越高，意味着他所管理的公司越大；公司体系越大，就会受到朋友、邻居和客户的尊敬和仰慕。

曾经有人问一个公司的老板：“你的公司有多大？”他回答说：“就雇员（成本）而论，我们是小公司。但就收入而论，我们是大公司。”在这个老板看来，公司成功与否的真实标准不是规模大小，员工多少，而是客户有多少，收入有多少。

对于公司运作中的每一件事，你应该假定其为不合理，然后考虑如果削减了这一成本是否会影响到你的收入或利润。如果有，就看看它是怎样并且是在哪里产生这一影响的。如果你不能回答这个问题，那么很可能你就不需要这一成本。

小公司管理者可以用如下方法抓住每一项成本：

1. 实施作业成本法，加强生产费用核算与控制

作业成本法，是指以生产经营中各现场的各项业务、作业链为对象，对成本产生的原因及费用分类计量，进而以作业量为基础分配间接费用的费用归集、分配、考核方法。

2. 对经营费用实行全面的责任核算

（1）物资供应部设为一级责任部门，并进一步设置下一级的采购责任中心和保管责任中心。

（2）专门设置“采购保管费”总分类账户，该账户之下再按采购责任中心和保管责任中心设置明细账，将采购责任中心和保管责任中心明细账汇集的数据作为责任考核的依据。

（3）增加一段核算程序。除采购买价直接计入材料采购账户外，所有采购间接费用均通过采购保管费汇集、考核后分配到材料采购账户：所有库房存货中的材料保管费用支出均通过采购保管费汇集、考核后分配到管理费用账户核算。

（4）还应当根据公司物资供应工作的新的责任核算方式进行适当的配套改革。

3. 强化公司单位的制度规范建设

要通过公司财务会计制度建设固化公司成本控制体系。各项经营费用、成本费用等的核算与控制的改革成果，需要特定的公司制度方式固化。

（1）完善会计核算办法。按照最新颁布的《公司会计准则》的要求，完善本单位会计核算办法，这是更加有效地控制包括经营费用、成本费用在内的公司成本，提高会计核算与控制水平的契机。

（2）制定生产费用核算规定或程序。在根据新《公司会计准则》《公司财务通则》等拟订本单位完整的会计核算制度时，有步骤地重点抓好一部分工作的规范化具有画龙点睛的功效。

（3）针对销售费用、管理费用等制定责任核算规定。即进行系统的费用要素核算与控制方面的配套改革，使各部分经营费用、成本费用等的控制形成配套措施，提高会计对经营费用、成本费用、费用要素数据记录、确认、计量、考核的整体水平，形成系统的公司成本控制体系。

对于小公司来说，成本再小也是一块“肥肉”，所以管理者应当牢牢抓住每一项成本。

零基思维：小处做精细，大处不糊涂

成本控制作为一项精细、严密的工程，除了需要对大成本支出进行控制之外，还要对小成本支出做到精细，只有这样，你才能够全方位地节省成本，为利润的增长提供全面的保证。

零基思维是一种对小成本、大成本控制的著名管理思想。美国德州电器公司于20世纪50年代提出了零基预算的概念，并将其用在了公司管理上。零基预算要求管理者不管以前在某个项目或整体上拨了多少款，一律以零为基数，重新论证公司和各部门的预算申请。后来，美国组合国际电脑公司的公司负责人王嘉廉先生据此提出了更有颠覆性的思想——零基思维。零基思维认为：以前做的和现在做的不一定合理，先决定公司做什么，才能开始分配资源。只有合理的才能存在。

零基思维用在成本管理上的精髓就在于：保持公司的高效率，谨慎使用每一份资源。在公司的所有支出中，成本都应当花费在最有效果的地方。削减公司的所有那些没有产生作用的开支，只保留那些最合理、最有效果的成本开支。

对于每一项成本控制都应做到精细管理，把钱花在最应该花的地方。每提出一项开支的申请或预案，公司管理者都应当考虑一下："这笔钱花出去有什么效果？由谁花？怎么确保效果？达不到效果追究谁的责任？"精细管理就是要求无论多细小的地方，每一项成本都要严格控制。

公司对成本和财务的控制能力在李嘉诚先生参股的和记黄埔有限公司得到了很好的体现，甚至达到了每一分钱都记入在账的地步。公司各部门每年都要做预算，细到电话费是多少、办公费是多少、交通费是多少，什么时候使用的，都要交代清楚。上报以后，财务审计人员会把历年的成本支出逐项调出来进行对比，看这些费用支出是否合理。公司里的管理层能知道在何时谁在什么地方花了多少钱，甚至能够知道更详细的信息，比如某人一年以来用了多少纸，或者是一年以来每个星期的打的费用，等等。财务部门把诸如房租成本、人工成本、折旧成本、办公成本、采购成本等都详细地记录在案，在很短的时间内就能够将财务支出信息送达公司管理层。在这些财务信息上能够清楚地显示哪些支出需要保留、哪些费用需要取消。

做到对公司项目支出的逐条控制，需要建立体系并严格执行。由公司领导人建立控制体系，请专业、负责任的财务人员来执行。

对于公司的大成本控制需要同时借助于财务审计人员和基层管理人员的层层协助，严格把关。很多公司对于细节上、金额支出少的地方往往把得很严，但却经常忽略大成本支出。对于数额较大的支出，领导者一定要严格审批、层层把关，确保万无一失。

公司可以采取"一定数额的支出一定要经过严格审批，而且越是重大的支出经过的程序就越多"的措施，同时，必须有充分的理由和把握，才可能通过严格的程序。金额一旦批下来，就有明确的责任人来使用，如果用途不当或没有达到应有的收益，责任人就要承担后果。

树立新的成本观念，小处做精细，大处不糊涂。对每一项细小的地方都逐项控制，对每一项大额支出都严格审批。管好、管住每一笔支出，最大限度地节省成本。把钱用在最有效果的地方，利润就会增加。

事前控制比事后算账更重要

降低成本应当做好事前控制，而不是事后算账。因为公司最大的成本是投资成本。“固定成本”看起来是不可变，实际上是相对的，在形成之前完全可以控制。

小公司要把降低成本的大文章做在前面，从源头抓起，从建设项目立项、制订设备采购计划开始，做好成本的事前控制。根据需要确定项目规模、设备水平。要牢牢树立任何成本都是可控的观念。在公司广泛开展节约活动是非常必要的，既降低了成本，又培养了职工的节俭精神。但仅做到这样还不够，更重要的是公司领导者要高度重视事前控制，把住“病从口入”关，用大手笔做好节约的大文章。

在事前进行的预防性成本控制，首先要根据成本习性把公司的全部成本分为可变成本和固定成本两大类，然后根据不同类型的成本采用不同的成本控制制度，进行限制、监督和调节。在实际工作中，对于可变成本通常通过编制弹性预算进行事前控制，对于固定成本，可按酌量性固定成本和约束性固定成本分别进行事前控制。

约束性固定成本是指同公司生产经营能力的形成及其正常维护相联系的有关成本，如产房设备的折旧费、保险费、财产税、水电费，等等。又称为承诺性固定成本，或经营能力成本。约束性固定成本支出额的大小，取决于公司生产经营能力的规模和质量。它在很大程度上制约着公司正常的经营活动，管理者不能轻易削减此项成本。因此，约束性固定成本具有很大的约束性，要想降低约束性固定成本，只能从合理利用经营能力入手。

而对于折旧费、水电费等可约束性的成本，公司管理者的决策行动一般不能改变其数额。因此，对于它们的事前控制，主要应放在它们未确定之前进行。对约束性固定成本中的资本性支出，可根据支出预算中的数据，分项目制订固定预算，作为事前控制的依据。例如，公司计划在预算期内购置新设备，就要按项目分别编制与此有关的固定费用预算，作为今后控制实际发生数的标准，其他非资本性支出的约束性固定成本，可采用编制零基预算的方法加强事前的成本控制。

酌量性固定成本是指公司管理当局在会计年度开始前，根据经营、财力等情况确定的计划期间的预算额而形成的固定成本，如新产品开发费、广告费、职工培训费等。也称为自定性固定成本。由于这类成本的预算数只在预算期内有效，公司管理者可以根据具体情况的变化，确定不同预算期的预算数。这类成本的数额不具有约束性，可以斟酌不同的情况加以确定。

对于一些宣传费、培训费等伸缩性较大的成本，管理者根据公司不同时期的财力负担能力确定其开支金额的大小。酌量性固定成本的预算期较短，通常为一年，公司要降低酌量性固定成本，就要在预算时精打细算，合理确定这部分成本的数额。

砍掉产品研发中过高的成本

产品成本的80%在设计阶段就注定了未来的制造成本的高低。因此，小公司要全面降低产品成本，必须特别注意在产品设计研发阶段就导入成本概念。

很多产品在设计期间就注定了其未来制造成本会高过市场价格，未战即败。只要想到成本控制，很多公司便联想到如何加强生产的现场管理、降低物耗、提高生产效率，但往往忽略一个要题：成本在广义上包括了设计研发成本、制造成本和销售成本3大部分，也就是说，很多公司在成本控制方面往往只关注制造和销售两项成本。我们应把目光放得更前一点，以研发过程中的成本控制作为整个成本控制的起点，这才是产品控制成本的关键。

很多人都知道产品的生命周期包含了产品成长期、成熟期、衰退期三个阶段，这三个阶段的成本控制管理的重点是不同的，即设计成本、生产成本、销售成本。实际上，产品研发和设计是公司生产、销售的源头之所在，一件产品的目标成本其实在设计完成后就已经在某种程度上定调了，作为后期的产品生产等制造工序（实际制造成本）来说，其最大的可控制程度通常只是在降低生产过程中的损耗以及提高效率。因此，产品成本的80%在设计期间就已经确定，也就是说，产品一旦完成研发，其目标材料成本、目标人工成本便已经定调，制造中心是很难改变设计所留下的先天不足的。这就是我们所说的，很多产品在设计期间，就注定其未来的制造成本高于市场价格。

至于如何保证设计的产品在市场价格、销售量、功能等条件下取得可以接受的利润，须在产品设计研究阶段引进目标成本和研发成本的控制："目标价格－目标利润＝目标成本"，而"研发成本必须更小于目标成本"。

上述目标成本的计算又称为"由价格引导的成本计算"，它和传统的"由成本引导的市场价格计算（成本加成定价）"不同。产品的价格通常需要综合考虑多种因素的影响，包括产品的功能、性质及市场竞争力。一旦确定了产品有关价格、功能、质量等目标，设计人员将以目标价格扣除目标利润算出目标成本。接下来，目标成本便是在设计、生产阶段的重心，也为产品和工序指明了方向和提供了衡量标准和成本降低动力，以提升产品的最终竞争力。

产品研发成本对公司常是花费极高的一环。需要注意的是，研发人员确实懂研究开发，但他们不见得懂成本和利润，这就是小公司要能管好产品研发成本，进而提升获利的重点所在。

把好采购关，控制采购成本

公司要生产产品，就要有原材料，就需要采购原材料。公司生产需要的原料，其成本占生产成本的比例很高，通常在二分之一以上。缺乏有效的原料管理，将导致原料存货的数量和种类不均衡，造成额外存货投资的浪费，这种不经济的浪费现象，将增大公司的成本，对公司的利润产生不良的影响。因此，对原料采购成本进行有效的计划与控制，是件很重要的事情。

采购计划就是要确定如何进行采购原料和服务，以更好地满足生产需求的过程。它重点需要考虑的问题是是否采购、采购什么、采购多少、怎样采购及何时采购。任何材料的计划与控制的目的就是在特定期间内，通过对特定资源的分配，以使成本最低或利润最高为原则。

1. 小批量采购

小批量采购金额不高，但采购人员必须确认，所订价格与市场价格相比，是否属于公平价格。当然，对于小批量采购，采购人员可以采用快速、低成本的价格分析方法，例如：

（1）比较、分析各供应商的报价。

（2）比较产品目录或市场价格。

（3）比较以往采购记录。

（4）比较市场同类产品价格。

2. 长期随机采购

长期随机采购又称杠杆采购，这种采购须与多个供应商建立合作关系，随行就市地选择供应商。随机采购的行为，一般是采购的物料对价格波动特别敏感，或是产品上市的寿命非常短，使得采购不得不随时寻找价格最低的供应商来满足供应。因此，对于长期随机采购，采购人员往往需要花费更多的时间来进行价格分析。分析的方法有价值分析法、成本结构分析法、成本估算法、总成本法。

3. 计划采购

计划采购包括一次性采购、非经常性采购。采购的项目包括批量物料、设备、厂房等。计划采购通常金额相当大，采购策略分析通常采用成本分析法，来分析计算整体拥有成本和整个供应链的成本结构。

计划采购有时也会变成重复性例行采购，一旦发生此类变化，则按策略性采购方法进行采购。

4. 策略性采购

策略性采购通常是公司非常重要的持续性采购。采购人员与供应商往往建立长期的合作伙伴关系。采购人员花更多的时间和精力在成本与价格分析上，这是因为通过成本分析后进行的采购，收到的效益会很大。分析的内容包括供应商成本资料、计算整体拥有成本、整个供应链的成本结构、目标成本。

5. 集中采购

集中采购可以避免公司内部各自采购，有时甚至是公司内部不同部门，向同一个供应商采购相同零件，造成价格不同、重复采购的现象出现，平白丧失节省采购成本的机会。

为满足不同部门的需求量，以集中扩大采购量的方式，可以极大地增加议价空间、获取更多的采购优惠。

◤ 提高运输效率，减少物流成本

除产品采购成本外，运输成本在公司总成本构成中占的比例越来越大，是成本消耗最大的物流活动。在整个物流过程中，原料运输在整个物流中占有很重要的地位，其总成本占物流总成本的35%～50%，占商品价格的4%～10%。因此，提高运输的合理性，对节约运输成本，进而减少物流总成本起着很重要的作用。

为了能够实现运输的合理化，节约运输成本，小公司就应该选择合理的运输方式、运输路线，加强运输工具的协调配备。

1. 提高运输工具实载率

实载率有两个评定指标，一个是判断单车、单船运输装载是否合理的指标，指的是单车实际载重与运距之乘积和标定载重与行驶里程之乘积的比率；另一个指标车船的统计指标，指的是一定时期内车船实际完成的货物周转量占车船载重吨位与行驶公里之乘积的百分比。充分利用运输工具的额定能力，减少车船空驶和不满载行驶的时间，减少浪费，从而求得运输的合理化。

2. 减少动力投入，增加运输能力

这种合理化决策走的是少投入、多产出，也即走高效益之路。运输的投入主要是能耗和基础设施的建设，在设施建设已定型和完成的情况下，尽量减少能源投入，是少投入的核心。做到了这一点就能大大节约运费，降低单位货物的运输成本，达到合理化的目的。

可以采用下面的有效措施来达到这方面的合理化：

（1）满载超轴。

其中超轴的含义就是在机车能力允许情况下，多加挂车皮。在运输紧张时，通常采取加长列车、多挂车皮的办法来增加运输量。

（2）水运拖排和拖带法。

竹、木等物资的运输，利用竹、木本身浮力，不用运输工具载运，采取拖带法运输，可省去运输工具本身的动力消耗从而求得合理；将无动力驳船编成一定队形，一般是“纵列”，用拖轮拖带行驶，可以有比船舶载乘运输运量大的优点，求得合理化。

（3）顶推法。

这种方法指的是将内河驳船编成一定队形，由机动船顶推前进的航行方法。其优点是航行阻力小，顶推量大，速度较快，运输成本很低。

（4）汽车挂车。

汽车挂车的原理和船舶拖带、火车加挂基本相同，都是在充分利用动力能力的基础上，增加运输能力。

3. 开展中短距离铁路公路分流运输

运用公路分流可以缓解比较紧张的铁路运输，进而使这一区段的运输能力加大，此外它还能够充分利用公路从门到门和在中途运输中速度快且灵活机动的优势，实现铁路运输服务难以达到的水平。

4. 直达运输

通过减少中转过载换载，从而提高运输速度，省却装卸费用，降低中转货损。此外，在生产资料、生活资料运输中，通过直达，建立稳定的产销关系和运输系统，也有利于提高运输的计划水平，考虑用最有效的技术来实现这种稳定运输，从而大大提高运输效率。

5. 配载运输

这充分利用运输工具载重量和容积，合理安排装载的货物及载运方法以求得合理化的一种运输方式。往往是轻重商品的混合配载，在以重质货物运输为主的情况下，同时搭载一些轻泡货物，如海运矿石、黄沙等重质货物，在仓库捎运木材、毛竹等，铁路运矿石、钢材等重物上面搭运轻型农、副产品等，在基本不增加运力投入情况下，在基本不减少重质货物运输情况下，解决了轻泡货的搭运，因而效果显著。

6. 四就直拨运输

想方设法减少中转运输环节，力求以最少的中转次数完成运输任务的一种形式。采用四就直拨运输往往不需要将物料入库，而先是由管理机构预先筹划，然后就厂、就站、就库、就车或就船直接将货物分送给客户。

7. 采用科学运输技术

发展特殊运输技术和运输工具，依靠科技进步实现运输合理化。

8. 选择最短路径运输

最短路径的选择无疑会减少运输成本，不过，这里的最短路径是带权最短路径，不仅是指距离最短，还包括两地交通便利条件、路面状况、运送成本等权值。

在实际的运输过程中可能会遇到下面的一些情况，选择交通工具的时候虽然有着距离上的差距，但是选择路径要与交通运输工具结合起来，还要考虑到运送的速度和成本的关系。因此，选择期望的运输方式时，至关重要的问题就是平衡运输服务的速度和成本，计算总的成本，按照成本最低的原则选择合适的路线和运输方式。

严控营销费用，降低营销成本

当产品生产出来，产品必须进入流通领域，到市场中交换，方能最终实现价值。但消费者并不直接认同你的产品，因此你必须博取顾客的喜爱和信任，千方百计创造需求，引导消费倾向，这就是营销过程。当然营销也是需要成本的。

营销成本是指公司在营销产品、自制半成品和提供劳务等过程中发生的各项费用以及专设销售机构而发生的各项费用。营销成本虽与产品生产成本没有直接的关系，但如果盲目投入营销成本，投资过多，就会间接地提高产品成本，造成资金上的浪费，同时也使营销活动的效果大打折扣，甚至得不偿失。为此小公司需要加强营销成本的预算和控制。

1. 营销成本预算的编制

（1）营销成本与营销活动有关的各项费用支出。

①直接推销费用。直接销售人员的薪金、奖金、差旅费、训练费、交际费及其他相关费用。

②推广费用。广告媒体的成本、产品说明书的印刷费用、赠奖及展览会的费用、推广部门的薪金，等等。

③仓储费用。租金、维护费、折旧费、保险费、包装费、保管成本，等等。

④运输费用。托运费用，如果是自有运输工具运输，则要计算折旧、维护、燃料费、牌照税、保险费，等等。

对营销成本进行预算是一个有效的方法，所以，进行营销成本控制时事先要做的工作是营销成本费用预算的确定。营销成本控制的核心是编制营销成本预算。

（2）营销成本预算编制内容。

营销成本预算编制可分为销售预算、广告成本预算和分销成本预算。但实际中，由于有些营销成本项目分散于各个会计科目之中，所以编制营销成本预算时，确定为营业费用预算、营销管理费用预算和分销成本预算三类。

2. 营销成本的控制

在激烈的市场竞争中，营销成本的多寡，可显示出厂商在市场上销售力的强弱。不过，营销成本的投资虽是必不可少的花费，但在支出时，仍需进行控制，才不致使此项费用无限度地增加。

（1）人员推销费用的控制。

一般推销费用的控制，用于对推销过程中费用支出的核准。公司应为每个推销人员编制推销人员预算控制月报表，把薪金、差旅费、活动经费等一一列入其内，借以了解推销费用超支或节省情况，并可分析控制效果。

人员推销费用控制表

XX公司人员推销费用预算控制表 部门： 销售人员姓名： 销售人员编号：				
费用项目	实际支出	预算支出	差异	分析说明
薪金				
差旅费				
活动费				
通信费				

所有的推销费用都须列支于报表中，应当留出适当的位置，以分析说明实际支出与预算支出产生差异的原因。地区经理或销售经理对推销费用负主要责任，一旦出现偏差，就应及时纠偏。

（2）广告费用的控制。

广告费用申请报告

XX公司广告费用申请报告
推广的项目和产品：
推广方式：
预算金额：
可能获利：
项目介绍：
可行性分析：

广告一般是分项目运作，每个项目可能有若干个工作步骤，每个工作所发生的费用都应详尽记录于广告费预算控制表。该表可记录一个月内公司所发生的广告费，一段时间后就应做已发生的广告成本与收益的比较分析，一般为三个月至半年，以此作为下次广告预算的依据。

（3）营业推广费用的控制。

由于营业推广费用是为了获得预期效果而付出的成本，目的性极强，应主要使用预算控制。销售人员在申请营业推广费用时，应制作详细的报告，内容包括所推广的项目或产品，拟采用的推广方式，预计需要的金额，可能的获利情况，等等。待公司批准后，财务部应在专项账户中逐项记录营业推广费用的支付情况。

营业推广费用预算控制明细表

<table>
<tr><td colspan="6">XX公司营业推广费用预算控制明细表
项目名称：
项目编号：</td></tr>
<tr><td>工作单编号</td><td>工作说明</td><td>预算</td><td>实际拨付</td><td>结算成本</td><td>余额</td></tr>
<tr><td></td><td></td><td></td><td></td><td></td><td></td></tr>
<tr><td></td><td></td><td></td><td></td><td></td><td></td></tr>
<tr><td></td><td></td><td></td><td></td><td></td><td></td></tr>
</table>

聚沙成塔，从细节中“抠”成本

公司拓展市场、扩大销售以及不断增强公司的核心竞争力是公司生存和发展的重要保障。

小公司在日常的经营活动中，可以通过做好以下的细节工作来降低成本：

1．先去掉你认为不合理的成本，然后再结合实际加以改进

一般情况下，公司在没有绝对把握做出正确决策之前绝不会不动成本，在削减成本时过于小心谨慎，其实完全没有必要。让我们做个反向思维来说明：“除非绝对必要，让我们先去掉这一成本再说。”

先去掉成本，然后再结合实际加以改进，是因为在公司经营中，压力通常来自要求增加成本。如果一个部门或科室要求添购3台电脑，而你只同意买2台，他们实在不够用的话，就会找你申请购买另外1台，即使你错了，随时有机会加以改进。因此，必须树立节约观念，从每个细节着手。

2．将成本支出的程序规范化

一是认真对待每一项支出。一定要把部门、员工向你要钱的程序进行规范，千万别让他们填个表、签个名就可以拿钱，坚持用仔细与挑剔的眼光看待每一项支出。作为管理者，不要注重绅士风度或软弱、或放不下面子，不要在乎员工说你“小气”，要始终把公司利润的增长放在首位。

二是精心设计申报单。有的管理者只是看成本报告或费用明细表或只签总单，而不看账单，使得有些款项得以蒙混过关，造成了不必要的损耗。因此对大小账单都应当亲自过目，对有疑问的地方要找财务人员进行核对。

三是建立公司定期检讨制度。根据公司的目标来追问某一笔支出、某一行动是否合理；追问某一岗位是否有存在的必要和是否偏离了既定的目标和价值。不断怀疑和检讨自己的支出，往往能迅速发现问题所在，从而最大程度地节约成本。

3. 再小的成本也要考虑其有无必要

要设法让员工知道，你不但关心大钱，也关心小钱，没有什么成本是在你考虑之外的，认真审核每一项成本，你传达的信息就会被认真对待。此外，削减所谓的微小成本，会赚取令人吃惊的利润，因为这些成本从来就没有被人削减过。这样长期坚持下去，每一项成本都会体现出其应有的价值。

4. 消除一切制度损耗，提高效率

制度损耗的原因有很多，理由可能是：没有适时的监督和审查制度，没有安排新员工的上岗培训，没有教他们正确地执行制度，或者是不了解制度的使用情况以及制度执行不到位，等等。有的人可能会觉得使用和不使用制度没什么明显的差异，但是政策和执行之间不可避免地存在着差距。如果公司的规则或制度不能得到始终如一的贯彻，公司的业绩就达不到预期的目标。

5. 认真审视每一项公司行为

控制成本、节省费用是公司经营管理者的重要工作之一。只有公司管理者重视节能降耗工作，才能将节俭的意图传达到员工中去，才能让广大员工逐步树立节约意识；只有公司管理者全方位了解公司的各项经营行为及其每个环节、每个细节，才能引导、督促下属实施节能降耗措施；只有公司管理者意志坚定、持之以恒，才能使节能降耗工作一如继往地坚持下去，最终通过团队的共同努力实现公司的经营目标和发展目标。

第五章

剔除浪费术，

驯服公司“最凶恶的敌人”

老板忙得焦头烂额，员工却闲着没事做；天天讲质量第一，不时地又冒出次品和废品来；一心想着追求速度，多出产品，库存却越来越多，商品堆积如山……不算不知道，一算吓一跳，公司中的浪费实在是太惊人！

浪费是公司“最凶恶的敌人”，多数浪费又是隐藏着的，让人防不胜防。如何协调人力，整合资源，从整体上提升公司的效率，是小公司管理者时刻要注意和重点考虑的问题之一。

7种浪费，你的公司里有多少

参观丰田工厂的人可以看到，它和其他工厂一样，机器一行一行地排列着。但有的在运转，有的都没有启动，很显眼。于是有的参观者疑惑不解："丰田公司让机器这样停着也赚钱？"没错，机器停着也能赚钱！这是由于丰田汽车公司创造了这样的工作方法：必须做的工作要在必要的时间去做，不必做的工作就不要在不必要的时间去做，以避免生产过量的浪费，避免库存的浪费。

原来，不当的生产方式会造成各种各样的浪费，而浪费又是涉及提高效能增加利润的大事。丰田公司对浪费做了严格区分，将浪费现象分为以下7种：

①等待造成的浪费；②搬运的浪费；③不良品（次品和废品）的浪费；④动作的浪费；⑤加工的浪费；⑥库存的浪费；⑦制造过多、生产过量的浪费。

1. 等待的浪费

由于生产原料供应中断、作业不平衡和生产计划安排不当等原因造成的无事可做的等待，被称为等待的浪费。生产线上不同品种之间的切换，如果准备工作不够充分，势必造成等待的浪费；每天的工作量变动幅度过大，有时很忙，有时造成人员、设备闲置不用；上游的工序出现问题，导致下游工序无事可做。此外，生产线劳逸不均等现象的存在，也是造成等待浪费的重要原因。

2. 搬运的浪费

搬运是一种不产生附加价值的动作，而不产生价值的工作都属于浪费。搬运的浪费具体表现为放置、堆积、移动、整列等动作浪费，由此而带来物品移动所需空间的浪费、时间的浪费和人力工具的占用等不良后果。

国内目前有不少公司管理者认为搬运是必要的，不是浪费。因此，很多人对搬运浪费视而不见，更谈不上去消灭它。也有一些公司利用传送带或机器搬运的方式来减少人工搬运，这种做法是花大钱来减少工人体力的消耗，实际上并没有排除搬运本身的浪费。

3. 不良品的浪费

所谓不良品的浪费，指的是由于公司内出现不良品，需要进行处置的时间、人力、物力上的浪费，以及由此造成的相关损失。这类浪费具体包括：材料的损失、不良品变成废品；设备、人员和工时的损失；额外的修复、鉴别、追加检查的损失；有时需要降价处理产品，或者由于耽误出货而导致工厂信誉的下降；市场份额萎缩。

4. 动作的浪费

动作的浪费现象在很多公司的生产线中都存在，常见的动作浪费主要有以下13种：两手空闲、单手空闲、作业动作突然停止、作业动作过大、左右手交换、步行过多、转身的角度太大，移动中变换“状态”、不明技巧、伸背动作、弯腰动作以及重复动作和不必要的动作等，这些动作的浪费造成了时间和体力上的不必要消耗。

5. 加工的浪费

加工的浪费也叫过分加工的浪费，主要包含两层含义：第一是多余的加工和过分精确的加工，例如实际加工精度过高造成资源浪费；第二是需要多余的作业时间和辅助设备，还要增加生产用电、气压、油等能源的浪费，另外还增加了管理的工时。

6. 库存的浪费

库存是生产过程中停滞物料的总称。库存可以按照种类、位置、库存成因、库存用途等分成若干类，但今天我们研究浪费，为简便起见，只把它分为原物料、在制品、成品三大类。

过量库存会占用过多的库位，产生空间和保管成本，以及长期积压产品损耗的浪费。库存的升高还可能导致现金断流，引发公司的经营风险。

7. 制造过多的浪费

制造过多，提前用掉了生产费用，不但没有好处，还隐藏了由于等待而带来的浪费，失去了持续改善的机会。有些公司由于生产能力比较强大，为了不浪费生产能力而不中断生产，增加了在制品，使得制品生产周期变长、堆放制品的空间变大，还增加了搬运、堆积的浪费。此外，制造过多，生产过量，会带来庞大的库存量，利息负担增加，不可避免地增加了贬值的风险。

强化执行力，消除等待的浪费

管理和生产中的等待浪费主要有以下几种情况：

1. 等待上级的指示

上级不安排工作就坐等，上级不指示就不执行，上级不询问就不汇报，上级不检查就拖着办。你多干事多吃亏，出了问题怎么办？听从指示没有错，再大责任可分担。很多工作的完成，是在几次检查、催办下完成的，造成极大的浪费。

2．等待外部的回复

我已与你联系过了，静待回音，什么时候回复不是我能决定的，延误工作的责任应该由对方负责，我只能等。等待其他部门或其他人的联系。你不找我去协助，我就可以躲避，总有原因可以找，就说情况不清楚。对其他相关工作不关心，没兴趣，多一事不如少一事，等就等吧，没啥了不起。

3．等待下级的汇报

任务虽已布置，但是没有检查，没有监督。不主动去深入实际调查研究，掌握第一手资料，只是被动地听下级的汇报，没有核实，然后擅自决定或向上级汇报，瞒天过海没有可信度，出了问题，责任往下级身上一推。

4．等待生产现场的联系

较严重的等待是生产现场对于技术、品质、资材等部门服务、指导、指示、供应的等待，“三现主义”的缺乏是等待中的最致命原因之一，严重影响生产现场工作的及时解决。

等工，闲着没事，等着下一个动作的来临，这种浪费是毋庸置疑的。

造成生产现场等待的原因通常有：作业不平衡、安排作业不当、存货用完、停工待料、整批处理延迟、机器设备停工、产能瓶颈、品质不良，等等。

以装订工序等待配套为例，由于封面、内文印刷未同步，或印后整饰、书芯、封面加工进度不同步等，下一工序都不能进行生产，有可能无法按期交货，而当能够配套后，为了加快进度又需要加班，可能会出现不能按工艺要求的放置时间，等待加工半成品的定型而带来质量问题。

5. “监视机器”的浪费

一些速度快、价格高的联动生产线，为了使其能正常运转或其他原因，例如，排除小故障、补充材料等，通常会在一些机器旁另外安排人员，站在旁边监视。所以，虽然是自动设备，但仍需人员在旁照顾，这就是“闲视”的浪费。

6. 其他等待浪费

例如，在生产中发生一些问题时，设备部门和质量部门由于不能及时解决问题而需要现场人员长时间的等待。

上述情况，在工作中是经常出现的。等待就是闲着没事，等着下一个动作的来临。这种缺乏工作责任心、主动性和工作积极性，满足现状、消极怠工的情况引发的浪费所造成的危害很大，直接的结果就是导致生产效率低下，危害公司的正常运行。

要消除公司中的等待现象，管理者可从以下两个途径着手：

一是明晰员工的任务和责任，强化执行力。要对每个员工的工作任务做出明确的安排，量化标准，责任到人，加强任务执行力度。对敷衍了事、拖延怠工的员工给予批评、警告、责罚，以起到“杀一儆百”的作用。

二是积极协调，加强各个工序间工作的配合。要合理安排每道工序的工作量，多与员工沟通，引导每个岗位上的员工与其他同事搞好配合，自觉做好工作的前后衔接，确保整体工作环环相扣、有条不紊、保质保量地完成。

◤ 合理布局，消除搬运的浪费

搬运是一种无附加价值的动作，本身就是一种浪费，理想的情况应该是材料从进入车间第一个工序做完，直接流向下个工序，中间不需要人力或设备（如叉车等）的运输、搬运。

比如，工序之间直接用倾斜的管道输送，既不需要人力也不需要机械设备或电力。如果需要搬运，则必须有人力和机械设备，还必须有材料或零件的临时放置区域，这些都是浪费。所以在设计仓库和车间之间的关系，以及车间与车间之间的关系的时候，必须考虑到其中搬运或转移的距离，以最小距离为优先考虑。

在不可能完全消除搬运的情况下，应重新调整生产布局，尽量减少搬运的距离。搬运物品的工作既单调劳动强度又大，在整体布局的时候就应该尽量避免搬运工作的产生。小公司管理者可以结合自己公司的具体生产布局，考虑如何规划才能把搬运中的浪费降到最低。

现在很多的公司车间都是按功能来设计的，比如冲压车间、机加工车间等，但以工艺流程的观念来看，应该根据实际情况来设计机器设备的放置位置，保证搬运的距离最小，而不是为了管理的需要将相同功能的机器放到同一个区域。

举个例子，如果一个零件先要冲压，然后经过磨光等几个工序，然后还要经过冲压工序，如果按功能设计车间的话，则这个零件要来到冲压车间两次，要比按工艺流程设置机器设备要多搬运很长的距离，因为按工艺流程设置的话，会有冲压机放置在做磨光等工序后面最近的地方。这样基本就不需要搬运了。

仓库与仓库之间、仓库内部及仓库与车间之间、临时存放地与仓库之间、临时存放地与车间之间的搬运都属于浪费。所以在设计仓库及仓库中各类物料应摆放在仓库的什么位置时，都应考虑搬运的快捷、方便。

推行“零返修率”，消除不良品的浪费

不良品（次品和废品）的浪费大家都会比较理解，关键是引起足够的重视，减少不良报废品和返修品的产生。因为这些问题又会带来新的更大的问题，比如因为不良品的产生，供应部门要采购更多的材料来预防缺料，这样一来就带来上面第五点讲的库存的浪费。返修品多了，则需要多配备返修人员，人工的浪费又来了；返修还需要浪费水电气和辅料等成本。因为不良品和返修品太多，有些工厂已经将其纳入正常的预算范围，认为这些不良率是合理的，没有意识到需要改进，这是一个非常危险的问题。

任何修补都是额外的成本支出，因此要尽早发掘次品、废品，寻找、确定次废品的来源，从而减少次废品的产生。减少次废品浪费的关键是第一次就把商品做合格。只有一开始就做好，才能在生产的源头就杜绝次废品，杜

绝不合格原材料、半成品流入生产后道工序，追求零废品率。

任何的制造现场，都不会将种种浪费自动地展现出来。若要使全部浪费现形，必须使生产过程中出现的异常现形于表面。发现异常并消除它，只靠少数专家和管理者是远远做不到的，必须依靠全体员工。

所以创建人人都能发现异常的现场是去除浪费的关键。当今众多优秀的公司不但在现场运用各种可视化的手段暴露问题，还采用光、声、停止动作联合作用的警示灯作为异常问题的“照妖镜”。

小公司要用一切办法来消除、减少一切非增值活动，例如检验、搬运和等待等造成的浪费，具体方法就是推行“零返修率”，必须做一个零件合格一个零件，第一次就做好，更重要的是在生产的源头就杜绝不合格零部件、原材料流入生产后道工序，追求零废品率。

训练员工操作技能，消除动作的浪费

动作上的浪费在公司尤其是小工厂中最常见，不少管理者可能习以为常，不以为然。然而由此造成的浪费加起来却是惊人的。以下种种动作上的无形浪费，你的公司是否存在?

1. 两手空闲的浪费

由于某些机器运行的原因，工作人员仅仅在开始和结束时进行操作，当中的时间一直处于空闲状态。例如，将作业表放在复印机上复印，每张复印

20页，放稿以后，作业者就等待机器复印，等机器复印完后将原稿取下。在机器工作时他处于双手空闲的状态。

2. 单手空闲的浪费

有的机器只需工作人员一只手即可操作，另一只手就处于空闲状态，这也是一种浪费。

3. 作业动作停止的浪费

观察作业人员在作业过程中，身体是否在做每个动作时都要停顿一下。如有，就是属于作业动作停止的浪费，因为停止、静止状态等于是在浪费时间，应设法让动作迅速连贯地进行。

4. 作业动作太大的浪费

动作从左到右或从上到下幅度太大，距离过长，超出了最佳角度或高度，造成了勉强。动作幅度过大必然耗用的时间过长，多个这样的动作加起来就是很大的浪费。

5. 拿的动作交替的浪费

由于操作习惯上的原因，有的工作人员不自觉地会用左手拿过来递给右手然后才安装，这些习惯性的转换动作其实是一种浪费，有人称为“前置”。

6. 步行的浪费

从这一个动作结束到下一个动作开始需要步行去连接，说明两个作业点之间距离太远。

7. 转身角度太大的浪费

作业点与操作人员之间角度超出适合范围，需要配合转身动作完成。

8. 动作之间没有配合好的浪费

动作与动作之间有停顿和迟疑，缺乏连续性和节奏性。

9. 不了解作业技巧的浪费

作业修正调整后不习惯或不熟练，出现有时候跟不上的浪费。

10. 伸背动作的浪费

零件、作业位置太高，作业者要踮起脚才够得着。

11. 弯腰动作的浪费

零件、作业位置太低，作业者要弯下腰去才够得着。

12. 重复动作的浪费

同样的动作，两次以上重复操作；或一次可以完成的动作，分解成了两次，没有进行合并或简化。

这些动作上的浪费看起来影响不大，但积少成多，日复一日的操作合起来是一笔很大的浪费，这些动作往往导致作业时间的增加、作业者劳动强度的增加，降低生产效率。

这就要求公司要系统地对员工进行培训，使之熟练掌握操作技能，减少各种动作浪费，降低公司成本，从而增加公司利润。

◤ 追求“零库存”，消除不当库存的浪费

“库存是万恶之源”，这是世界上一些著名公司对浪费的见解，也是与传统见解最大不同的地方。为什么将库存看作万恶之根源，而要想尽办法来降低它呢？因为库存会造成下列的浪费：

1. 产生不必要的搬运、堆积、放置、防护处理、找寻等浪费

当库存增加时，搬运量将增加，需要增加堆积和放置的场所，需要增加防护措施，日常管理和领用时需要增加额外时间等，甚至盘点的时间都要增加，这些都是浪费。

2. 使先进先出的作业困难

当库存增加时，以铜管为例，新入厂的铜管压在原来的铜管上，先入库的要想优先使用，就必须进行额外的搬运。而如果为省事，先使用新入厂的铜管，原来的铜管长期放置就会导致质量等一系列问题的发生。

3. 损失利息及管理费用

当库存增加时，用于生产经营活动的资金会大量沉淀在库存上，不仅造成资金总额增大，还会增加利息和库房的管理费用。而这些常常是隐含在公司的管理费用中，只有专门列出，才能发现存在问题的严重性，进而正视它，并努力解决。

4. 物品的价值会减低，变成呆滞品

当库存增加时，库存量会大于使用量，甚至会造成长期的积压，特别是当产品换型时，这种问题可能会显得更加严重。产品长期积压，就会造成实际价值降低，成本升高，利润减少。此外要盘活这些积压产品，又需要进行额外的投入。

5. 占用厂房空间，造成多余的工场、仓库建设投资的浪费

当库存增加时，就需要额外增加放置场所。新增材料场地，新增加了投资，却带不来效益。

6. 设备能力及人员需求的误判

由于库存量的存在，设备能力不平衡时也看不出（库存越多，越不容易看出来）。人员是否过剩，也无法了解。由于有较多的库存，供应部门需要增加人员，制造一线需要更多的人员来生产产品用于补充库存，需要增添设备来保证生产库存所需要的设备能力，从而形成新一轮的浪费。

到底为什么要有库存量，最大的理由是“怕出问题”——出现故障怎么办？会不会因部分设备出问题，而影响整条生产线或工厂的生产呢？于是乎为了不使影响扩大，库存便成了必要，众多的问题也被隐藏起来，所有进步、赚钱（发现问题、解决问题就是赚钱）的步调自然变慢了。

库存主要包括呆滞库存、过量生产产生的库存、提前到货产生的库存、生产线上多余的在制品库存、多余的安全库存、无效库存。库存量越大，流动资金的积压就越多，到最后公司就没有足够的资金用来生产，就会造成公司经营的瘫痪。无怪乎人们称“库存是万恶之源”。在追求效率最大化的时代里，小公司应当明白这一点，绝对不允许库存的存在，如果现在已经有了库存，也要想方设法不断降低自己的库存量，力争零库存。（注：零库存的“零”并非指数学意义上的“完全没有”的意思，而是指把库存“尽量减到最少的必要程度”。）

改善和降低库存，公司要做到“三不”：（1）不大批量生产。尽量小批量生产，并且不要给现场太多自由生产的权利。（2）不大批量搬运。要加快物流速度，及时小批量搬运。（3）不大批量采购。制订采取计划，按生产需要确定采购量，从源头控制库存。

当面对林林总总的问题不知道如何下手时，用什么方法、工具都是低效益的，这时降低库存最好的方法就是：先强制降库存，等问题浮现出来后，再将问题一个个消灭，库存自然降低。

适时生产，消除制造过多的浪费

制造过多包括早做和多做两个部分，可能有些人不能理解这怎么也是浪费？这做出来的东西不也还可以用吗？并不是这样，多做出来的产品或零件很可能在以后用不到而变成呆滞料，而且多做出来的产品需要占用多的容器和仓库的空间，需要增加人员搬运和管理库存等；这些都会导致成本的增加。更重要的是，多做的库存会隐藏大量的未知问题。

如果没有库存，有问题马上就会被发现。比如，如果车间机器运行状况不稳定，在没有库存的时候，由于必须要做到每天有一定的产出数量，一旦机器停止运行，马上就会影响到其他部门材料或零件的供应，所以机器所在部门就必须想办法保证机器一直处于可运行状态。而如果有库存情况就不一样了，假如以前有生产多余的库存存在，即使机器坏了也不会影响到生产的正常运转，所以相关部门也就没有这种意识去积极维护机器。

早做的危害性类似多做，但还有一点危害就是：现在公司大多数都是按订单生产，如果提前将产品或零件做出来，一旦客户订单取消或变更，就会给公司造成无法挽回的浪费。

过量制造的结果是在生产线的周围产生了过剩的库存，这些过剩的库存需要人员管理；需要重新摆放；若现场容纳不下，需要建仓库；需要仓库之间的搬运；需要清理修复。倘若沿着这些纷繁的枝节分析下去，还会有更多的浪费：

（1）零件、半成品需要先行生产而导致不同步的时间和空间浪费。

（2）生产用电、气压、油等能源的浪费。

（3）货架台、材料搬送工具等容器的增加。

（4）运用搬送车、升降机等搬送手段的增加。

（5）放置地、仓库等存储空间的占用。

（6）在库的发生与管理工时的增加。

（7）利率负担的增加。

（8）不能促进改善。

制造过多（早）产生的危害有：

（1）它只是提早用掉了费用（材料费、人工费）而已，并不能得到什么好处。

（2）它也会把“等待的浪费”隐藏起来，使管理人员漠视等待的发生和存在。

（3）它会自然而然地积压在制品，其结果不但会使生产周期变长（无形的），而且会使现场工作的空间变大，机器间的距离因此加大，要求增加厂房，这样在不知不觉中，将逐渐地吞蚀我们的利润。

（4）过量的存货不仅提高了持有成本（资本、存储和可能过时形成的成本）而且还会增加单位流转时间。反过来，较长的流转时间，意味着在应对客户喜好的变化向市场推出新产品时的较长延迟。

（5）它也会产生搬运、堆积的浪费，并使得先进先出的作业产生困难。

（6）使有问题的产品推迟曝光、推迟发现、延迟纠正其产生根源的时间，致使一段时间内，又生产出很多有问题的流程单元。

（7）推迟了对质量问题的反馈，阻塞追踪产生问题的根源，扰乱了对错误的计量。

对付制造过多（早）的浪费的对策就是“适时生产”，也就是在必要的时候，做出必要数量的必要产品。此外都属于浪费。而所谓必要的产品和必要的时候，就是指顾客已决定要买的数量与时间。假设客户只要100个，而每个1元，如果生产了150个，这售价却不会是150元，因为多余的50个并没有卖出去，仅是变成库存，因此利润也就无从产生，换句话说，多做了就是浪费。

剔除过剩生产要素，消除现场浪费

在生产现场中，导致浪费的根本原因是有过剩的生产要素的存在，即人、设备、物料、厂房空间。这些超过必要的生产要素同时也构成了第一层次的浪费，过多的人员，会发生不必要的劳务费；过多的设备，会发生不必要的折旧费；过多的原料，会发生不必要的利息支出；过多的厂房空间，会发生不必要的租赁费，即无论过剩了哪种生产要素，其结果都会提高生产成本。进而，第一层次浪费之间相互作用，会产生第二层次浪费。

其一，在基本生产要素未被全部派上用场的情况下，会产生等待的浪费，包括人员、设备、物料、场地的等待。

其二，为避免等待（尤其是人的等待），各工序便制造出了多余的顾客不需要的产品，即过量制造的浪费。

其三，大多数公司分析工序后发现，低于总数17%的工序是增值的，约35%的浪费是可以很快或不难去除的，而其余近50%的非增值性工序则很难完全消除。

观察生产计算机键盘的现场不难看出，由于工作站点的布局所限，总会导致不增值的搬运作业和中间在库的产生，即搬运和库存的浪费；作业员每一个动作中的拿上拿下、弯腰、对准等不增值的动作浪费；由于作业设计的限制总会存在；一旦产生不良品时的修补作业会使前序耗费的人、机、物等资源瞬间化为浪费（制造不良品的浪费）；此外，一些看似增值的工序也是可以省略的，如自动切和自动锉工序，通过改进自动切工艺可以省掉自动锉工序，可见，加工过程中依然存在浪费（加工的浪费）。

发现及去除现场浪费是公司永恒的主题。

关于现场浪费分析与改善的典范可以追溯到20世纪初的吉尔布莱茨夫妻建筑队，他们提出了“要动脑筋轻松地干活”的观点。他们经过仔细观察，在砌砖作业中区分出有用和无用的动作，将砌砖过程由8个动作减少为6个，他们的作业速度为每天砌2600块砖，远远高于其他小组每天砌500块砖。现在看来，吉尔布莱茨夫妇的改进非常简单。但他们观察浪费的慧眼及消灭浪费的能力和毅力，无论是当时还是现时都是提升制造公司竞争力的根本所在。

存在于砌砖作业中的无效动作是属于不难或很快被去除的，但现代的生产公司中非增值过程错综复杂，大多数的浪费都需要运用一定的技术来甄别。在过剩生产要素先天存在的情况下，遏制过量制造及过早制造应是改善现场、提升效益的主要着眼点，如何使各工序均按照下述需要的量和速度制造，准确传递其间的需求信息，以及如何将过剩的生产要素暴露出来，都需要先进的生产系统（准时化准时制造）的支撑。不断去除现场浪费，迈向准时制造的进程是长期和煎熬的，没有突破自我的痛苦，就没有超越他人的收获。

上帝从来不会赐予我们无浪费的现场，也从来不会赐予我们才干，只会留下无穷尽的问题与困难。当我们经历过痛苦取得过收获之后才能体会到，我们的才干是在不断地克服困难、去除浪费的过程中得到的，浪费也是“宝藏”。

◤ 制订生产计划，杜绝生产浪费

公司的生产计划，是公司生产经营计划的重要组成部分，是公司编制物资供应计划、劳动工资计划、成本计划、财务计划、技术组织措施计划的基础，是公司进行生产管理的依据，也是公司全体职工实现生产目标的行动纲领。

通过制订生产计划，公司不仅可以有条不紊地组织生产，而且还可以监督和控制各个生产环节，杜绝生产过程中不必要的浪费。

1. 生产计划指标

生产计划的主要指标有产品品种指标、产品质量指标、产品产量指标、产值指标，产值指标有三种形式，即商品产值、总产值、净产值。

2. 生产计划的编制

编制计划要遵循两项基本原则，即以销定产、合理利用公司的生产能力。编制计划的步骤，即调查研究、收集资料；统筹安排、初步提出生产计划指标；综合平衡、确定生产计划指标；报请上级批准备案，最后确定生产计划指标。

3. 产量优选

在统筹安排确定生产计划指标时，要进行产量优选。产量优选的方法主要为盈亏分析法。

盈亏分析法也叫保本分析法或盈亏平衡分析法，是通过分析成本、利润和产品数量这三者的关系，掌握盈亏变化的规律，指导公司选择能够以最小的成本生产最多产品并可使公司获得最大利润的分析方法。

要使用盈亏分析法，先了解几个相关概念：

贡献毛益：指销售净额减去变动成本总额后的余额。

变动成本：变动性制造成本、变动性销售费用和变动性管理费用。

单位贡献毛益，通过贡献毛益与销售量的比值推算。

贡献毛益率=单位贡献毛益/单位产品售价，或贡献毛益率=总的贡献毛益/总的销售收入

以此推算公司需要达到什么样的业务量水平才可以补偿公司的所有成本——正好够本，盈亏相抵。这就是盈亏临界点分析。用公式可表示为：

$$BE=FC/(SP-VC)$$

BE表示盈亏临界点的业务量；FC表示固定成本；SP表示单位产品售价；VC表示单位产品变动成本。公司业务量如低于此点，就发生亏损；如高于此点，则取得盈利。

4. 产品出产进度安排

编制生产计划不仅要确定全年的产量任务，而且要把全年的生产任务具体安排到各月。产品出产进度安排的方法，依据公司不同特点而有所不同，生产任务饱满或市场需求比较稳定的公司，可实行均衡安排，具体形式有四种：平均分配、分期递增、小幅度连续增长、抛物线形递增。产品需求具有

季节性的公司，有三种安排方式：均衡安排方式、变动安排方式、折中安排方式。多品种生产的公司，在产品出产进度安排的同时，还要进行品种的合理搭配。

5. 设备和生产面积的负荷平衡核算

核算的方法就是首先要计算出车间现有机器设备和生产面积的生产能力；然后，和生产任务对比。如果能力不足，要采取措施，克服薄弱环节，使生产任务和生产能力平衡；如果能力有余，也要采取措施使能力得到充分利用。

6. 编制生产作业计划工作的内容

生产作业计划的工作内容主要有：编制全厂和车间内部的生产作业计划；编制生产准备计划；进行设备和生产面积的负荷核算和平衡；日常生产派工；制定和修改期量标准。它的作用是建立公司正常的生产秩序和管理秩序的重要手段；是落实生产计划的重要环节；是组织均衡生产的重要保证。

7. 生产准备工作和设备负荷核算

生产准备工作的内容有：技术文件的准备，原材料和外协件准备，机器设备的检修准备，工艺装备的设计和制造，人员的调整和补充。关于设备和生产面积的核算方法，与编制生产计划时的负荷核算方法是一样的。

8. 日常生产派工

这既是作业计划的最后完成，也是生产作业控制的开始，它的内容主要是两部分，即作业准备和作业开始。

目视管理：产品缺陷的“照妖镜”

由于生产技术和管理水平方面的原因，在生产中要做到产品的零不良率是很难的。在实际生产中经常反复出现一些质量缺陷，加上发生产品不良的原因是多种多样的，因此出现了不良品，除非是已经被列为报废品，否则这些公司还是会以重新加工的方式加以修补。大多数公司将判定产品品质的部门和重新加工的部门分开。而既然不良品的产生原因是多方面的，负责品检和执行重新加工又分属不同单位的人员，所以当品检人员在判定品质时，如果没有将不良品按照原因给区分得很清楚的话，重新加工的人员势必得再花一次时间，对那些不良品进行不良原因的判定工作。这种再花一次时间的行为，在管理上就是一种成本上的浪费。

实施目视管理就可以减轻这种无谓成本的支出，它可以让员工自觉地认识缺陷、分析缺陷、预防缺陷产生，从而提高产品质量。

1. 目视管理的品质管理要点

（1）防止因“人为失误”导致的品质问题。方法：合格品与不合格品分开放置，用颜色加以区分，类似品采用颜色区分。例如，白色胶带表示等待检查，红色胶带表示不合格，绿色胶带表示合格，通过胶带颜色即可判断出物料状况。或者可用红色标签标记待料，这样通过看颜色就可以知道库房中过期原料的数量。

（2）设备异常的“显露化”。方法：重要部位贴附“品质要点”标贴，明确点检线路，防止点检遗漏。

（3）能正确地实施检查。方法：计量仪器按点检表逐项实施定期点检。

2. 目视管理的品质管理常用方法

在目视管理中，产品质量管理的具体方法有很多。最常用的有“QC工具看板”“质量状况看板”、设置不良品暂放区。

（1）“QC工具看板”。即指针对典型的产品质量缺陷或因操作失误而造成的质量事故，运用QC工具展开分析讨论，将讨论结果整理后放在易看到的地方，让每个人都知道发生质量事故的原因、预防措施、大家在工作过程中应注意的地方，以提醒防止发生同样或类似的问题，而且大家随时可以提出新的建议并进行讨论修订。运用“QC工具看板”进行管理时要注意以下几点：

第一，对提出建议的参与者，不论建议最终是否被采纳，都要给予中肯的表扬，以提高员工参与的积极性，激发员工发现问题、提出问题、解决问题、防止问题发生的工作热情和潜能。

第二，要把造成产品质量事故的原因公之于众，让大家明白是什么原因造成的，还有哪些原因会产生相同或类似缺陷，让员工学到解决的方法和技巧，提高员工解决问题、预防问题产生的技能，以便在以后的工作中防止此类事故再次发生。

第三，要设置产品缺陷改进记录本，将“QC工具看板”取得的成绩、解决质量问题的措施记录下来，作为以后制定质量文件和工艺文件的重要参考依据，同时也使之成为提高员工素质和公司技术水平的重要途径。

（2）“质量状况看板”。即指将产品分为优等品、正品、次品、废品4大类，或将缺陷分为严重缺陷、次要缺陷、无缺陷3大类，以这些指标为横坐标，以产品数量或百分比、评定系数分等为纵坐标，将各班组或各车间的质量状况以图表的方式表现出来，把图表放在人员集中、容易观察到的地方，让员工不但知道自己部门的产品质量情况，也知道别的部门质量情况，从而给员工营造一种竞争的氛围，制造一些有形或无形的压力，激励员工的竞争意识，找出差距，迎头赶上，这样有利于工作的开展。

（3）设置不良品暂放区。设置一个按照不良原因区别的不良品暂放区，这个暂放区可以依物品的性质设计成架子式或柜子式，让品检人员在判定产品不良的同时，顺便做好分类的工作，这样，重新加工人员就很容易通过这个不良原因区别的不良品暂存区，了解到这些待重新加工不良品的问题点，就可以减少重新判定不良原因的时间。

6项措施，严把产品质量关

没有对质量控制点进行严格把关，没有充分的数据和一定的信息工具支撑，就没法对质量问题进行追溯，追查责任源，从而造成低劣产品的产生。

为保质保量地完成，公司一般可以运用以下“六项措施”严把产品质量关：

一是加强制度建设，制定关于加强质量管理、工作例会制度等一系列规范指导性文件，规定每两周召开一次生产工作例会。

二是积极组织生产技术、监理等方面的培训。通过组织专业技术人员集中学习、现场参观，交流对生产过程中存在的共性、个性问题的解决方法、措施，切实提高专业人员的技术水平。

三是深入生产现场检查指导，及时指出并帮助解决存在的问题，保证及时发现、及时纠正、及时上报、及时解决。

四是严格执行月检查评比制度，严把产品质量关。

五是建立质量问题追究机制，执行班组长负责制。

六是强化员工质量意识，鼓励员工积极对产品质量建言献策。

质量就是公司的生命。很多公司在市场竞争中被迫倒闭停产，其中最为主要的因素就是产品质量差，不能满足用户需求，在激烈的市场竞争中惨遭淘汰。而怎样才能保证产品质量，怎样才能在市场竞争中立于不败之地，这就需要公司上下团结一心，共同进取，按部就班地完成好每一项工作，消除每一个环节的隐患，时刻劳记产品质量就是公司的生命，首先做到在公司内部把好质量关。

而在一些公司中，部分员工总误认为产品质量是质量保证部门的事情，是销售部门的事，是公司管理者的事，这一错误观念在持续侵害着公司，直至葬送公司的明天。因此，公司管理者要强化员工的质量意识，在公司内部导入市场化动作机制。在公司内部供应链之间、部门之间、生产上下序之间实现完全市场化运作，一个员工就是一个市场，就是一个用户，上序质量有问题，下序可以拒绝接收，每个员工都有权对不合格产品说“不”。不接收不良品，不发出不良品。树立市场意识，按市场规则办事，生产优质产品，才能使公司永远保持旺盛的生命力。

◤ 选择产品方向，生产适销对路的产品

产品不合消费者胃口，推销员哪怕说得天花乱坠，也没有消费者愿意去尝试购买。因此，选好产品生产方向，是每一个小公司管理者在公司创建之初就应该做好的，并且在生产过程中应根据市场状况和消费需求适时调整。

1. 在选择产品方向前，应首先明确以下问题

（1）生产什么产品。按公司行业特点，确定符合公司生产经营条件的产品类别。例如，是生产机械产品还是生产化工产品；是生产轻纺产品还是生产建材产品；等等。

（2）产品为谁服务。即满足社会哪方面的需求。例如，是为国内市场服务还是为出口服务；是为生活消费服务还是为生产建设服务；等等。

（3）产品如何发展。即按什么途径来发展扩大公司产品生产经营领域。例如，是产品密集式发展还是产品多元化发展；是水平一体化发展还是垂直一体化发展；等等。

2. 弄清楚产品的消费需求

（1）产品是否为需求产品。需求产品是指公司用需求详细规格说明书定义的产品，主要描述了产品应具有的使用价值和服务承诺的总和。它的定义过程与定义的基本原则为：公司从自身的根本市场利益出发，为了满足特定人群需求，在产品开发全生命周期过程中的最前端的需求层次上，考虑到

公司可开发性的条件下，用需求详细说明书描述的公司目标需求的载体。如果要开发的产品不算是需求产品，那无论如何也不可能是成功的产品发展方向。

（2）产品是否以消费需求为出发点。新创公司要从研究和分析消费者的消费需求出发来决定自己的经营方向，按照消费者的需求制定产品标准。产品质量符合标准，那么标准是不是符合市场呢？是不是符合客户需求呢？很多公司错就错在标准不符合市场、不符合客户的需求，是公司主观上制定的标准，然后把它作为目标去完成，结果虽然生产了所谓的合格品，却不能赢得市场，获得利润。根据这样的标准生产的合格品，可以说毫无意义，完全是一种资源浪费。

（3）产品是否是在满足需要的基础上获取利润。在市场营销观念支配下，公司在决定生产之前要首先了解这种产品或服务对满足消费者需求的最终效果，然后根据需求的被满足程度来确定公司的盈利。消费者需求被满足的程度越大，公司的盈利就越多。

3. 小公司选择产品方向的具体策略

（1）尽可能选择对顾客必不可少的产品或劳务。小公司所选择的产品，应是顾客不可缺少的。大多数成功的小公司，都不会去生产一种对人们可有可无的产品。

（2）选择的产品应是较大型产品中的一部分。小公司应以大公司为依托，把最终产品卖给顾客。这正是所谓“背靠大树好乘凉”。这样做的好处是：第一，与大公司搞协作关系，可取长补短，以小公司加工小零件之长补大公司之短；反过来，以大公司生产成套设备之长补小公司之短。第二，可借助大公司的实力和名声，逐步加强自己的实力，提高自己的声誉。第三，生产大公司所需要的配套零部件，直接为大公司供货，可节省直接对消费者的零销费用。

（3）选择设计费用和原材料加工费用最少的产品。由大公司来设计产品和进行原材料加工，由小公司来组装或精加工。这样做，最适合本小利微的小公司。

（4）选择服务性强和重复使用率高的产品。大公司针对的是一个大群体，而小公司针对的是一个个具体的人，更有利于与顾客建立密切的关系。而且小公司船小好掉头，生产迅速，可以调查分析消费者重复使用率高的产品，随时调整产品方向。

（5）选择生产周期短的产品。小公司的生产周期往往都比较短，虽然这样利润较小，但更容易保持较低的库存，减少产品的积压，加快资金流通速度，提高生产率。

（6）选择小批量生产的产品。大批量生产，对生产设备和生产技术的要求非常高，这正是小公司的薄弱点。而小批量生产对这些因素要求不高，由于生产量少，大公司往往对此不屑一顾，其生产布局也很可能不适合生产小批量产品，这样小公司就可趁机抢占这一美差。

（7）选择的产品需要有很高的专门技术。要求设计人员和生产人员具备较高的专业技能，保证每一工序、每一环节都有良好的品质，这样一来，虽然小公司生产的数量有限，但其产品稳定性却成了公司在竞争中获胜的法宝。

（8）选择不需要大量生产资金的产品。小公司应扬长避短，千万不要选择占用大量生产资金的产品。库存要占用大量流动资金，小公司尤其要注意降低库存。

总之，选择什么样的产品方向，直接影响到公司的总体发展，而产品方向的正确与否，最终需要通过市场来检验。因此，小公司应重视市场的调查预测，把握好产品的发展方向。

第六章

省钱挤钱术，

干毛巾也要拧出水来

“吃不穷，穿不穷，不会算计一世穷。”居家过日子讲究勤俭节约，精打细算。经营公司更是如此。再大的公司，如果开销没有计划，不懂节制，钱财就会白白流失，家底也会被败光，何况财务有限的小公司呢？

就像富兰克林说的：“注意小笔开支，小漏洞也能使大船沉没。”小公司要“节约闹革命”，用好每一分钱。涓涓之水，汇成江河，长期的节约就能汇集成一笔可观的利润。

利润是挣来的，也是挤出来的

你能想到吗？一家在全球行业领先的公司，接待贵宾的咖啡杯居然是普通的粗瓷碗！对，就是丰田公司。外界都说丰田人吝啬，是的，丰田公司拒绝浪费，他们大方承认："干毛巾也能拧出水"就是丰田的"吝啬精神"。

公司如何才能创造更大的利润？很多管理者认为：公司创造利润的方式就是销售额的提升，却忽视了在经营管理中，还有一个被忽视的利润来源：节约开支，减少浪费。在微利时代，节约成为公司面临的一种必然选择，很多世界顶级公司的管理者都深刻了解节约开支对于公司的意义，他们认为：节俭是一种永不过时的品质。

在市场竞争日益激烈的今天，节俭所代表的不仅仅是一种美德，更是一种成功的资本，一种公司的竞争力。不断地追求低成本，做到物美价廉，是王永庆的经营信念。他曾说过："经营管理，成本分析，要追根究底，分析到最后一点，我们就是靠这一点吃饭。"

有一次，公司开会讨论一个塑胶椅子。做报告的人把接合管多少钱、椅垫多少钱、尼龙布和贴纸多少钱、工资多少钱，都算得很清楚，合计550元（新台币）。而且，把每个项目的花费在成本分析上统统列出来了。

但王永庆看过之后又马上追问："椅垫用的PVC泡棉1公斤56元，品质和其他的比较起来怎么样？价格如何？有没有竞争的条件？"

对此种问题，报告人显然没有研究过，因此他答不出来。

王永庆再问：“这PVC泡棉用什么做原材料？”

“用废料，1公斤40元。”

“那么大量做的话，废料来源有没有问题呢？”报告人又不知道。

“卖给别人裁剪组合，在裁剪后收回来的塑胶废料1公斤多少钱？”

“20元。”

“那么成本1公斤只能算20元，不能算40元。使塑胶发泡的发泡机用什么样的？什么技术？原料多少？工资多少？消耗能不能控制？能不能使工资合理化？生产效率能不能再提高？”

结果这些问题报告人也不知道，他根本没有分析。这么一大堆工作没有做，在王永庆看来，是绝对不行的。

所以王永庆一再强调，要谋求成本的有效降低，无论如何必须抓住在影响成本的各种因素中最本质的东西，也就是要做到单元成本的分析，只有这样彻底地将有关问题一一列举出来检讨改善，才能建立一个确定的标准成本。

王永庆不仅要求员工在公司主要产品上降低成本，即便是对待日常的办公用品，他也要求员工要尽量降低成本。一次，他发现本公司生产并自用的公文夹的成本是1.2元，而美国生产的同样的产品成本只有0.5元，于是他要求南亚公司研发中心就这一问题进行研究，务必将成本降至美国同等水平甚至更低。为此，研发中心以近两年的研究，将公文夹的成本降至0.5元，每年都为整个集团减少了许多支出。

王永庆就是这样从一点一滴做起，力争最大限度地节约成本，不多花一分钱，实现公司的合理化经营。

小公司家当小，钱财少，如果开销没有计划，不懂节制，大手大脚，公司的大量钱财就会白白流失，公司财政就会入不敷出，经营难以为继。小公司管理者在平时的工作中就要奉行节俭原则，在公司中提倡节俭的风气，不要等到开支超过盈利的时候才想到要节省开支，缩减开销。

其实，公司各方面的开支都有节省的余地，而想要最大化地节省开支就要做好以下几个方面：

（1）建立产品成本控制目标和生产责任制，并直接落实到个人。力求减少废、次品，这样在大大提高了产品质量的同时，也降低了成本。

（2）杜绝“凑整”。看到以整千、整万数字形式出现的支出账目，作为一位精明的管理者，一定要对其再核查一遍。因为很多时候相关人员是为了“凑整”，才把费用提高的。

（3）把公司的经费缩小到合理费用的最低限度，并进一步要求做出更好的成绩来。

（4）引导职工养成节省的好习惯。随手关水关灯等看起来是小事，但日积月累对公司来说，就是一笔不小的财富。

（5）管理者在必要时要对员工进行督导和训练，久而久之，公司的节省就会成为一种习惯。

做个“小气”的小公司老板

现在，不少公司管理者认为“增加收入最重要，靠节支太守旧了”。这种观点认为只要能增加收入就行了，至于节约并不是什么利害攸关的事，多赚比节约更重要。

这种想法不能说不对。要是公司能日进斗金的话，在微小开支上确实可以不用过多花费精力。但是，大部分公司是不能“日进斗金”的，或者是不能长时间“日进斗金”的，对于小公司来说尤其如此。

对于家庭来说，“由俭入奢易，由奢入俭难”；对于公司来说，则是“放开花费易，控制开支难”。不少国有公司，工资成本虽低，但人们不太爱惜公司财产，缺乏节约意识，物资浪费严重，这些隐性成本的流失往往是非常高的，天长日久，公司财产亏损严重，不堪重荷，只得停产整顿，甚至关闭。

公司要努力增加收入，但也要尽力节省开支，增收和节支两手抓，二者不可偏废。管理者应当警惕公司中的各种浪费现象，带头养成良好的节俭习惯，做公司中的节俭模范，同时要制定相关的规章制度，防微杜渐，杜绝各种浪费行为。

许多成功公司的一个共同点就是：对物资、金钱的使用都有计划，能做到计划开支。这不能说它们是太小气，而应该说它们有“惜物”的好习性。有一个优秀的大公司是从作坊式的小工厂发展而来的。有一次，友人去拜访该公司的董事长，看他正在把玩一个回形针，友人问他在干什么。他笑着回答：“穷人的习惯，到死也改不了。在办公室地板上看到这个小东西，非捡起它不可。”正是这个“小气”的老板把公司办好了、做大了，公司的商品甚至畅销到海外。该公司的财务制度非常健全，工人的工资待遇也很高。

也许有人会说：“对于小事情过于关心和吝啬，这样的人是不是做不了大事情？”成功者的回答是：“不是！不细心，不去关心小事情，也做不了大事情，即使做了，也会失败。”

这正是古人说的“一屋不扫何以扫天下”的道理。虽然，对于这个公司来说，浪费几百个回形针也不值一提，并不会影响这家公司的成长。但是这位董事长所怕的是失去比它更大的东西。一枚回形针没有多少价值，它所代表的其实是一种公司文化，一种管理层的思维习惯。还有一个优秀公司有这样的信条：“可怕的是日日轻微的损失，可喜的是日日轻微的收益。不要怕一时的损失，最可怕的是一时的收益。”这个信条值得所有的小公司借鉴。

杜绝浪费公司的一分一厘

小公司的经营者，大多是白手起家，奋力打拼才开拓出了一番事业。公司的一点一滴都是逐步积累的，因此，对于这些苦心得来的财富，没有理由不去珍惜。

公司每天都在花钱，可是，你想过如何节省着花钱吗？如果你仅仅关注的是公司如何挣钱，如何发展，而对每天的花费开支毫不在意，甚至大手大脚地花钱，那么再多的收入也会被支出所抵销。更重要的是，支出的浪费，不仅损失了财富本身，还会给公司的整体凝聚力和战斗力带来致命的打击。

任何资金的浪费都可能会带来如下后果：它会损害公司的财富，造成公司健康资产的流失；它会破坏公司的制度；它会打击团队的凝聚力，容易使员工变成一盘散沙；它会使计划因散漫而不能正确执行；它会使敬业爱岗的精神面临挑战。

珍惜财富的最好方法是杜绝浪费。对于公司的每一笔开支，支出前都应自问：这笔钱究竟用在什么地方？不用可以吗？能用得了这么多吗？能否通过借助分期付款或信贷等方式来实现？能否通过建立规章制度来减少开支？如果经常思考这些问题，资金的利用效率就会大大增加。

为了避免浪费，管理者可以采取以下几点措施：

（1）可以把不必要做的事情彻底地减掉。

（2）制定出奖惩分明的制度规范，并且严格地加以执行。

（3）设置财务监督部门和人员。

（4）重新设计某些设备的操作，确保浪费被降到最低。

（5）更新生产技术，减少资金和人员的投入。

（6）精确测定原料需求量，进而避免采购环节的浪费。

（7）削减公司高额的交通费与招待费。

（8）不要让机器设备长期闲置不用。

（9）办公室的空调、电脑、电灯等电器无人时确保关闭。

小公司的经营者要身体力行，以实际行动感召公司员工，要让员工感觉到公司中的一切支出都是在花他们自己的钱。这样的话，全体员工都会自觉地避免浪费。要知道，日常工作中的微不足道的小节省，汇集起来会对控制成本、减少开销具有重大的意义。

在避免大手大脚花费的同时，经营者也要防止另一个极端：缩手缩脚，不敢花钱，特别是一些必要的开销也去处处节省。

通常来看，在一定时期内，公司拥有的资本量是一个既定的量。经营者如果将这部分钱用在这一用途上，便不可能将它再用在另一种用途上。因此，必须确保这部分钱用于该用途的收益一定要大于所放弃用途的收益。否则，就是不划算的。

从这个意义上来说，经营者必须学会花钱，要认真地筛选投资项目，确保每一分投资都是用于获利最高的项目。在支出之前，必须确定这笔钱的确有支出的必要。

总之，节约并非“一刀切”，该省的省，该花的花，对公司有利的，多花一万也值得，对公司有害的，多花一分也是浪费。将有限的资金用在最佳的项目上，把钱花在刀刃上，就是最好的花费方法。

精打细算，花好公司每一分钱

经营成果是用数字说明的，管理者必须计算所做的事情。

与西方人相比，东方人管理中最大的问题便是缺乏数字管理的概念。我们常常听到销售经理这样向老板汇报工作：“今天卖得不错。”或是“今天卖得不如昨天。”而这样的汇报在西方管理者眼中是不合格的。你应该说：“今天比昨天多销售15%。”或者，“今天比昨天少销售15%。”

作为现代社会的管理者，必须学会数字管理的技巧，要不断计算，精打细算，花好公司的每一分钱。

换一个角度来看，公司的进步与退步也要用数字表示并衡量，感性的描述往往缺乏准确性。不断计算的好处如下：

（1）使你明确公司的进步与退步。

（2）监督各部门员工的工作。

（3）考核公司计划完成状况。

（4）寻找进一步增加利润的潜力。

（5）不被财务人员所蒙蔽。

（6）给各部门分配新的任务。

（7）决定员工奖惩。

事实上，公司管理中会接触各种各样的数据。过多的数据，常常会使管理者们感到头痛。而只有看到重要数据时，管理者们才会表现得很兴奋。换句话说，你并不需要一大堆数据来帮你管理。实际上，你所需要的是常识性的措施来帮你规划将来会怎样。这些措施应保留在你的记忆中，并且最好加以数字说明。一般应计算的重要数据包括如下：

（1）每月的销售收入。

（2）单位产品的成本。

（3）销售的毛利率。

（4）应收账款的比例（占总销售收入的）。

（5）每月平均缴纳的税金。

（6）员工的变动数。

（7）会议上的缺席人数。

（8）客户对产品的投诉比例。

（9）公司的资产负债率。

（10）平均资金报酬率。

（11）每日的固定成本支出（房租、水电费、通信费，等等）。

管理者千万不要只沉溺于复杂而又无关紧要的数据中，而应使自己计算的数据简洁化并且有说明的价值和意义。

将某些数据公布于众，也会有利于管理。比如，将一些历史和当前数据制作成图表，张贴在管理部门的办公室及车间，显示商品被退回的次数，机器出现故障的次数，废品的比例及成本的升降状况等数据，以激励各个部门和每个员工各负其责，提高工作效率。

还有一点，你必须时刻提醒自己：判断数字的来源是否真实。为了应付上司的监督与考核，很多的员工及职能部门习惯制造虚假的数据来欺骗上司。作为一名精明的管理者，你必须具备判别虚实的本领，切不可被虚假数字所蒙蔽。

谨记一点：要找出几个重要数据并不断计算，确认你随时都对它们了如指掌并时常更新这些数据。当这些数据偏离正轨时，应采取对策加以纠正。

市场的竞争是残酷的——成本费用不断上升，产品售价不断下跌，平均利润率不断下降。作为小公司的管理者，再也不能粗手大脚了，应该学会精打细算，花好每一分钱。

节约公司的一滴水、一度电、一张纸

时下，在很多公司里，经常可以见到这样的浪费现象：

屋外艳阳高照，办公室内却灯光明亮；

人离开了办公室，空调却依旧吹着凉风；

员工下班走了，电脑却整夜开着；

这边打着香皂搓手，那边水龙头哗哗不止；

各种纸张随意使用，任意丢弃；

领用的笔记本每页只写了几个字就另转一页；

公司发的笔用到一半就当成垃圾丢弃；

物品使用登记形同虚设，办公用品的任意领用；

……

一点一滴的浪费，日积月累，就会造成巨大的损耗，让公司的钱财在不知不觉中流失。看不见的浪费不仅降低了公司的利润率，也助长了员工浪费的习惯。

公司的财富积累不仅要靠增加收入，更要靠精打细算，勤俭节约，节约非生产性开支和管理费开支，不搞花架子。这不仅是事关公司成本效益的问题，也是影响公司作风形象的问题，更是关乎公司生死存亡的问题。

“莫以善小而不为，莫以恶小而为之”。在日常工作中，管理者要努力帮助员工建立勤俭节约、浪费可耻的意识，让员工自觉地爱惜公司的一财一物，珍惜公司的一水一电，合理利用办公用品，节省公司的钱财。

公司的资金是有限的，经不起大手大脚的花费。没有节制、天长日久的浪费是个无底洞，会把一个公司消耗得“骨瘦如柴”，直至埋葬公司。因此，公司从管理者到员工，上上下下都要有节约意识，全心全意地节约公司的钱财。该如何做到节约呢？一句话就是：从我做起，从改变日常习惯做起。俗话说“聚沙成塔，集腋成裘”，提倡节约应该从身边日常的小事做起，注意节约公司的一滴水、一度电、一张纸、一支笔。

2002年，《财富》杂志公布全球500强名单，零售业巨子沃尔玛连锁店将埃克森·美孚石油公司拉下马，以2198.1亿美元的营收总额登上了美国乃至世界公司的第一把交椅。这是美国历史上服务业公司第一次成为《财富》500强的龙头老大。《财富》杂志记者不无惊叹地写道：“一个卖廉价衬衫和鱼竿的摊贩怎么会成为美国最有实力的公司呢？”其实沃尔玛的成功并无玄机奥秘，只不过是它几十年如一日地恪守自己的经营法则，坚韧不拔，孜孜以求，节约开支，一点一滴积累利润，终于力拔头筹，登上全球500强之首的宝座。

公司勤俭则兴，奢侈则衰。这条颠扑不破的真理适用于所有的公司，对小公司尤其重要。

◤ 从办公空间里“挤”出一笔钱

现代物质文明的高度发展，不仅给人们的生活带来巨大改善，也使得公司的办公环境发生很大的改变。办公大楼越盖越讲究，造价越来越高。因而，如何节约办公空间，成为公司面临的任务之一。

对于小公司来说，节省办公空间应该严格遵循这样的原则：选择租金低廉的办公室，去掉没用的占位较大的装饰。办公室应该强调功能性，而不是追求豪华。员工在一种更加简洁而又少有浪费的办公场所中工作，也可以提高工作效率。

选择办公室，应当以实用为准则，而不应该把自己固定在太大或是根本没用的空间里。拥有自己的办公大楼听上去很好，但十家里面有九家会出现财务问题。

节约办公空间的另一个有效手段，就是把办公室里那些已经陈旧不堪、失去参考价值和使用价值的文件资料清理出去。清理后把办公空间腾出来，用于办公和生产，创造更多的价值。

有的公司办公室里堆满了图纸、设计蓝图、材料、报表等资料文件，管理者总认为这些东西都具有很大价值，舍不得扔。这样的管理者往往忽略了资料的“老化”问题，有些资料一旦失去时间性，就失去了使用价值，无异于一堆废纸。如果总是舍不得处理过期资料，就会越积越多。某些办公室里就常有这种现象：办公人员的案头常常堆满了资料，办公室的角落里也堆满了资料。这种堆积现象在一定程度上妨碍了正常的工作进行，破坏了办公室应有的整洁有序。面对这种情况，公司管理者应该制订计划，下决心清理废旧而无用的资料。

清理资料必须彻底，必须“大刀阔斧”。这项工作做起来可能要花一些时间，花费一点钱，但这些损失相对于办公空间的大量占用来说要小得多。节约空间计划一旦付诸行动，一些隐秘之地被“解放”出来，公司的“有效办公空间”就会随之扩大。

上至身居领导职位的管理者、经理，下至普通的技术人员、文书、秘书，都和资料打交道，都存在一个编制、保存和使用资料的问题，这是开展工作或生产活动必不可少的环节。但如果对这些资料管理不善，往往旧材料尘封不用，新材料源源不断地增加，就会占用大量的空间，甚至影响工作效率。

作为一位公司管理者，迟早会遇到这样一个大难题，那就是这一大堆无用的资料往哪里放？堆放在办公室里终究不是良策。即使是现在有用或未来用得上的资料，堆在办公人员的案头也不是办法。对这些资料应仔细检查、归类，对于那些确实无用的资料，要采取果断措施，予以清理；对于有参考价值的材料，应该分门别类地保管在一个专门的地方，这样，既节约了办公空间，又可以方便资料的取用。因此，管理者在面对一对资料时，应考虑以下问题：

（1）某种资料的可取性是什么？（如为了做出某项决定时参考）。

（2）一种资料必须具备哪些条件方有保存价值?

（3）一种资料是否具有历史资料的保存价值（是否过时以后仍有参考价值，或今后有可能用于某项研究）？

考虑好了这几个问题，再进行资料的处理就能做到心中有数了。

节约办公空间还应注意下面这些情况：

（1）工作人员提出增添办公设备时，要求对该设备的价格和优点加以详细说明。

（2）经过认真调查之后，清除工作人员“私自收藏”的无用资料，并且要经常清理这类资料。

（3）确保档案资料管理标准化。

（4）制订缜密的资料收集方案，一经确定，必须严格执行。对现行的资料收藏工作进行一次检查，然后再下令清理资料。

（5）积极利用办公自动化设施，尽量采用先进的资料管理体系。最大限度地压缩资料数量，充分发挥存档资料的使用效率。

游牧式办公，花钱少效率高

办公室的概念曾经长期包含在空间、地点和空间之中，即人们需要在固定的时间里往返于都市的高楼大厦之间。然而，在21世纪的科技经济引导下，办公室不再依赖于地点而存在。现在不少工作都是在传统的办公大楼之外进行和开展的，而且也不受白天晚上的限制，便携式通信设备和因特网使得工作方式愈加灵活多变。

现代都市的房价越来越高，尤其是办公楼租金更是年年上涨，公司为此投资巨大。有些公司需要租用特别宽敞的办公室，但每年的租金居高不下，占去了收入的一大部分，直接影响了公司的盈利。多少老板都在想象，如果能像蜗牛那样造一个壳，走到哪里就在哪里办公，根本不用租用办公室，那该多好！这当然只是想象了，现实中难以做到。那么，公司该如何使办公室的效用达到最大化呢？游牧式办公就是一条很好的途径。

现在网络技术非常发达，如果建立一个网站，在网上办公，销售与管理也都在网上进行，办公室也就变得可有也可无，这样一来公司会节省下很多的办公室经费投入。

游牧式办公现已成为提高公司工作效率、促进业务反馈的有效途径，这是因为以下三个原因：一是很多公司员工在办公室之外花费的时间越来越多；二是公司有些业务需要分散执行；三是公司的员工分散于总部、分部和各种商务活动之中。

要确保整个公司始终保持旺盛的“生产”能力，就应该使公司的每个成员无论身在何处都能够与公司保持联络并能进行有效的工作。这样公司的员工就可以不受传统办公的固定模式的限制，即使在办公室外部、路上甚至是家里都能持续工作，从而在日益激烈的商业大潮中保持强劲的竞争力。

这种游牧式、开放性的办公形式主要有以下几个优点：

（1）部门间的沟通变得很容易。

（2）令员工感觉非常自由、自我，大大提高了工作效率。

（3）更重要的是公司因此节省了大笔开支。例如，原来办公室里只能容纳50多名员工，而采用游牧式办公方式，则可有100多名员工工作。

要想赢利，就需要想方设法地降低成本。在公司的房屋租金、员工薪金、水电费、固定设备等几项固定成本当中，房屋租金作为每个月的固定成本，在总成本中占了相当高的比例。采用游牧式办公室能够使办公室的效用最大化，而且还能够减少办公室无效空间，这也是小公司节流的有效途径，总之，游牧式办公能够使小公司的营运成本大大降低。

租赁和购买，哪种更省钱

在公司决定投资一个项目的时候，管理者就必须决定如何为投资筹集资金，同时也面临着资本预算的投资是租赁还是购买的问题。公司可以用内部产生的现金购买资产或者通过借款获取现金。在许多情况下，公司管理层通过租赁获取资本性资产的使用权——长期租赁。

租赁是出租人以收取租金为条件，在契约或合同规定的期限内，将资产租给承租人使用的业务活动。租赁业务的特点是资产的所有权和使用权相分离。出租者享有所有权，承租者享有使用权。在公司需要投资扩大生产经营业务时，租赁可以使公司不必筹借大量资金去购置所需要的固定资产，通过租赁合同，公司只需交付少量的租金就可以获得急需的固定资产的使用权。

公司究竟是选择租用还是购买，这是一个经营决策问题。如果公司的业务需要一种资产，当拥有和运营的等价年度成本低于公司从外面所能获得的最优租金时，公司就选择购买。换句话说，“租给自己”比别人租给你更加便宜时，就选择购买。如果公司计划长期使用该资产，那么公司拥有资产的年度成本一般会低于经营租赁的租金。因为出租人会在租金中加进谈判和管理成本，租赁期中断和资产闲置而损失的收入等一系列费用。而当公司购买并租给自己时，就可避免这些成本。

如果是下面两种情况下，公司就可以采取经营租赁：

1．出租人能比承租人以更低的费用购买和管理资产

这种情况下可以选择租赁，比如说，大的卡车租赁公司每年购买成千辆的卡车，这使他们在与卡车制造商谈判时处于非常有利的地位。这些公司还能有效地提供服务，他们知道卡车保费时要取多少残值，知道该何时出售它们。小公司或一个较大公司的小部门，不可能有这些规模效益，因而租赁比买便宜。

2．经营租赁通常蕴含有用的期权

有些公司面临着服务需求的起伏波动，所需经营性物资也就不断变化，因此，大多数公司都愿意向出租者支付租赁报酬，让其承担租赁的终止风险，在保留终止租赁权利的条件下，短期租赁一些物资，充实自己的物资编队。租赁最后的关键在于不要忘记在签署（或拒绝）经营租赁之前检查终止期权。

租赁有很多优点，比如：

（1）承租公司只需定期支付一定的租金，不必先付款就取得了设备的使用权，因而这是一种全额的资金融通，减去了公司购买设备的中间费用与一次性支付货款的大量开支。

（2）租赁集融“资”与融“物”于一身，一般来说比借贷购置设备速度更快，做法更为灵活、便捷，能使公司尽快形成生产能力。

（3）增加了融资的灵活性。租赁可以避免因长期借贷筹资而附加的各种限制性条款，为公司经营活动提供了更大的弹性空间。

（4）增强了公司的借贷能力。公司租赁设备时，获得的是其使用权，因而并不将其列为负债，也不改变公司的资本结构，因此增强了公司的借款能力。

（5）可以转嫁所有权风险。科学技术飞速发展，各种新工艺、新技术使用周期越来越短，采用租赁方式租入固定资产，如果承租期不是永久性的，公司可以不承担设备迅速过时或技术老化而遭受经济损失的风险。

（6）可以避免举债筹资中某些限制性条件。由于投资固定资产的资金数量大，回收期长，因此，当公司自有资金不足时，需要向金融部门借款，而金融部门为维护自身利益，对中长期借款的审核很严格，有时还要附有苛刻的条件，而采用租赁则可以避开这些壁垒。

（7）可以维护原有的举债能力。租赁的租金在财务上一般只在损益报表中反映，而不会在资产负债表中得到反映。例如甲、乙两个公司，甲借债购置资产，乙是租用相同的设备，两者在账务上的处理是完全不同的，甲公司的资产负债表中，资产方和负债方都要反映这笔资金，而乙公司资产负表中，无论资产方或负债方都不反映该项设备，由于负债情况并未发生任何变更，因此，并不影响公司再举债的能力。

（8）可增强公司现金的流动能力。由于公司不需要一次性支付大量货款，因而可以节约出大量资金用于生产经营的其他方面，尤其对于返回租赁，即将原来公司正在使用的设备出售给租赁公司后租回，这使得公司将资产转化为现金，补充了公司的运营资本，增强了公司的现金流动能力。

不过，租赁也有一些缺点，比如成本较高，因为租金一般都很高，最终租金总额常常超出设备购买价许多；承租公司不能以融资方式解决其注册资本或流动资金的需要，而且未经出租人同意，承租公司不得擅自对租赁资产加以改良；如果承租公司财务过于困难，租赁融资方式则很难实现，因为相对较高的定期租金支付也会构成一项沉重的负担；承租公司得不到资产的残值。

通过上面的分析可以看到，利用租赁方式，最适宜支持的是承租公司进行技术改造，特别是那些具有短、平、快特点的项目。

买好办公设备也可以省一笔开支

这里所说的办公设备，是指除办公室的家具外，办公室的一大批与办公相关的机器和装置。主要的办公机器是信息机器，打印机、计算机、复印机或真机都属于信息机器，因为它们都与处理信息有关。总之，办公设备是必不可少的人与工作之间的媒介，办公设备能使员工在较少的时间内比较准确地、质量比较高地完成更多的工作。

选择好办公设备，不仅可以直接节省一大笔钱，而且可以减少机器的维修费用、保证机器的较长寿命，高质量的设备还可以提升工作人员的操作效果，提高工作效率。

办公设备的选择可从可行性研究开始。在进行可行性研究时，小公司管理者应该清楚的两个问题是：这种设备是否必要？如果必要，哪种设备最好？

在搞清上述两个问题的基础上，再依下列准则选择购买办公设备：

（1）如果使用设备可以提高工作人员的效率，那么这种设备可能就是有必要购买的。如果设备可以代替复杂或者枯燥无味的工序，那么也应该购买，以提高工作量。

（2）大量使用机器，而不是少数几次或仅仅一次使用机器的地方，表明需要机器。大量使用机器可以产生较好的工作效果、较快地做好财务报告成带来其他有利的结果。

（3）在设备能提供高质量产出的地方，应该使用设备。例如，相对于用打印机打出的报告，手工抄写报告的整洁度和清晰度都较差。

（4）如果通过设备能够保持较好的控制力，保证产品的精确度，那么应该购买。

（5）当设备能降低办公室工作的实际操作成本时，就应安装设备。在计算设备安装的全部成本时，必须考虑劳务合同、操作和所需的布局变换的成本。

（6）为了应付办公室工作日程中的紧急工作以及高速度的要求和高峰负荷，应该考虑安装合适的设备。

（7）仔细思考所要购买的设备存在的缺陷，如设备所能承担的最高位数、表格纸和记录带的尺寸、循环速度、所要求的复制品的数量、自动处理的复杂程度、内部贮存媒体的数量和能力、预期使用寿命和贴旧换新价值。

（8）机器操作人员和技术人员对机器最熟悉，因此在选择时一定要多征求意见，做好沟通。另外，如果购买机器后所需的培训强度过大、费用过多，应该慎重。

（9）在设备的选择过程中，应当优先考虑可提供的现金和可靠的维修工作。如果设备没有正常地发挥作用，或没有全部发挥作用，其结果就会增大办公室作业成本。

（10）如果要考虑到设备的用途，就应该选择具有下列特点的设备：简单（容易操作、容易学、容易维修）；灵活（在许多情况下都能用）；轻便（机器容易迁移，以便在一些部门中使用）；适应性强（能很快合并到现在的办公室系统中）。

（11）正式购买前，应考虑在安装设备的地方进行预测试，通过一定的测试期才能真正了解设备的性能和状况。对于大型、贵重的设备尤其要注意进行测试，而且应有较长的测试期。

（12）办公室设备要统一采购，尺寸、类型和牌号要有统一的标准。这样做有如下的好处：

①通过较大数量的购买，获得较低的价格。

②由于使用的只是几种牌号的机器，可以降低保养费用。

③如果有必要的话，可建立公司自己的服务部门，这样做比较方便而且比较经济。

④由于拥有一支能操作任何一种机器的员工队伍而做到了节省开支。

⑤在培训操作人员上比较简单。

⑥可以统一购买和使用适合机器牌号的办公表格用纸。

⑦使设备折旧和贴旧换新价值计算简单化，这方面从所得税及通过贴旧换新处理设备这两种观点来看都是重要的。

◤控制车辆使用中的多余消费

有些小公司的管理者为了装点门面，会选择购买豪华轿车为公司、自己所用，还美其名曰“加深客户对公司的印象”。

其实，这些投资是一笔很大的浪费。在你的能力范围内，你可以买辆普通实用的车，就像你在你的能力范围内购买任何其他的公司设备一样。将大量的钱花在昂贵的车辆上，不如花在市场营销、顾客服务、新计算机系统等方面更好。车辆使用中每时每刻都离不了燃、润料，再加上维修费、保养费、折旧费、税收等支出，天长日久，这些开支累积起来是惊人的。

在车辆的所有费用里，燃、润料也许是消耗最大的。对燃油料合理使用，可以节省开支，公司对车辆燃、润料应进行严格管理。具体做法如下：

1. 要严格纪律

公司应建立完善的车辆使用规章制度，把责任进行落实，确保公司人员严格遵守纪律；路单性质与油票性质不符不准发油；路单签发的车号与加油车不符不准发油；除向符合运行手续的车辆的油箱、发动机加注燃、润料外，不准向携带的其他容器加注；严格执行先收票后加油的规定，不准欠票或记账加油；拒绝任何人向油库借油、存油或兑换油票、出售油料。特殊情况下，车辆必须携带、储备燃、润料时，必须经本公司有关领导批准，出具通知，方许发油。

2. 建立节约奖励制度

根据车辆性能、每百公里定额耗油量进行核算，制定定额指标，指标以单车核算，按月统计行车公里和汽油的消耗情况，在定额之内，按实际节约数提取10%～15%作为奖金。

3. 做好废油回收工作

凡经过使用后更换下来的各种润滑油料和洗涤用过的汽油、柴油都必须进行回收，严禁随便泼洒。这不仅避免了对环境的污染，加工处理后还可进行再利用，这就降低了车辆使用的成本。

4. 做好油料与材料管理

油料与材料应集中管理，做好登记与备案工作。油料与材料管理，就其内容而言可分为使用管理、技术管理和安全管理三个方面。使用管理的主要内容包括建立健全油料与材料的领用制度，制定节约油料与材料的技术措施和奖惩办法，监督、核查使用情况等；技术管理的主要内容是根据各种油料与材料的理化性质、用途、品种、牌号、规格等特点，分类储存保管，定期检查，防止混装、混放、污染、变质等现象发生，达到高效、节能的目的；安全管理的主要内容是防火、防盗，保证库房和油料、材料安全。公司加强油料与材料的管理和合理使用，对于节约消耗、降低成本、提高车辆的运输效能、延长车辆的使用寿命，具有十分重要的意义。

◤ 堵住差旅开支上的漏洞

公司的差旅费分为交通费、住宿费、膳食费、通信费、交际费，等等。据统计，不管公司大小，差旅费用的支出在通常情况下约占公司营业费用的5%~10%。

目前，在差旅费的报销上，多数公司仍采用传统的纸张报销手段，因此稍不注意，就会有很多费用就在某个或某些环节大量流失。

有一家在中国运营的跨国公司，每年的差旅开支都要超过800万美元，其原因就在于直接成本和间接成本太高。这家公司在中国的摊子铺得很大，它拥有40家分支机构，48家不同的代理商。公司员工每年都要坐飞机出差几次，可谓是航空公司标准的大客户，但从来没有人想到去和航空公司协商，获得一定的折扣。

这个公司的酒店费用也是如此。公司员工都有自己偏好的酒店，所以无法和哪个酒店签订长期合同，以获得更优惠的价格。更糟糕的是，该公司至今还采用传统的预支现金的做法，所以出差人员每次回来都会带来一堆发票，足够让财务人员忙上大半天，而且还容易因某些发票不能报销而发生争执。总之，差旅费用管理的落后、无序，造成了浪费的现状。

那么，如何控制差旅费用，堵住差旅开支上的漏洞呢？小公司不妨从以下几点抓起：

（1）明晰财务政策，便于所有部门查询，由此避免员工在未被授权的领域内支出费用。

（2）优化供应链。要学会控制成本，必须清晰地了解公司把钱都花到哪里去了，自己的供应商究竟是谁；然后优化供应链，与航空公司、酒店、旅行社签订长期合作协议，获得优惠的价格。

（3）用公司卡管理费用支出。用传统的纸张管理，不仅容易发生纠纷，而且管理成本很高，国外很多公司早就和一些金融机构合作，开发出公司卡。员工可以拿着这张卡直接消费，既避免了现金支出，降低了成本，而且还可以对整个出差流程进行费用监控，看其是否符合公司政策。这样一来，所有的信息都可以迅速查询。

（4）监督相关政策的执行情况。再好的政策得不到执行也只是一纸空文，公司需要建立一套强有力的监督机制。

（5）严格费用支出。对费用支出严格把关，一旦发现授权之外的支出，一律予以处罚。

（6）使用科技手段降低费用。传统的程序往往是公司行政部门帮助员工打电话、订票、付钱，既耗用时间、人力，而且效率也低。最理想的做法就是借助全球预订系统等现代化工具，对飞机航班、酒店房间存量等信息有一个清楚的了解，这样每一个要出差的人只要自己上网，在很短的时间内就能搞定所有的事。

（7）以实际行动节约差旅费。要启发每个员工树立“节约光荣、浪费可耻”的观念，自觉地从节约一角电话费、节约一元差旅费、节约一次招待费等细微之处着手，从平时不太注意、不太关心的种种浪费现象改起，以实际行动有效降低差旅成本，形成“人人讲节约、事事讲成本”的良好氛围。

邮费、快递费，如何才能不多费

由于业务上的需要，公司需要经常向经销商、批发商、客户发送信件、合同、文件、产品样本，等等。业务来往频繁时，邮费、快递费也会增加很多，如果不注意节省，就会造成一笔不小的浪费。比如，同一收货点的邮件没有集中在同一邮包里，造成浪费；如较重物品与普通文件可选择不同的快递商家，降低费用；可随车携带的文件如果也走物流，在一定程度上增加费用。

掌握以下一些小窍门，公司可以降低邮费成本，减少邮费上的浪费：

（1）发送的文件按规定尺寸包装，并不超过规定重量。

（2）查看邮资是否正确。如果信封的大小在规定边界，错误可能出在附加费上。

（3）若干份寄给同一个人的文件应合并在一起，一块发送出去。

（4）若信件超重，采用指定的分检方法递出，邮资削价三成。

（5）请出差在外的职员代发。

（6）应统一发送，杜绝按部门发送。

快递费的节省用可从以下两方面着手。

一是把快递价格压低。

快递公司定的快递价格不是死的，他们给你的价格表还有商量的余地。

可以直接找对方的业务员砍价，跟业务员说“我们公司每个月都有很多快递要发”，这样以大客户的身份合作，就会把价格压低。要多找几家快递公司，价比三家，选择价格便宜的快递公司。

二是把包装费用降低。

快递公司用来装东西的包装分为两种。一种是纸质的文件袋，一般是用来装文件的。不过稍微改装一下，也能装一些体积不是很大的物品。这种文件袋是免费的，每次可以让他们多给几个，再改造一下就可以利用。一种是塑料袋，容积比文件袋大一点，这个也是免费提供的，可以装一些体积大一点的不怕摔的东西。利用这些免费的包装寄快递，就可以省去一部分购买纸箱的费用。

如果寄送的是贵重物品，尽量选择中国邮政EMS、顺丰或宅急送；如果寄的是便宜物品，可以选择申通、中通、圆通等平价快递。另外，特快专递是一项收费极高的业务，这样的急件发多了，会导致邮费开支急剧上升。人们往往急切盼望收件人早日收到自己发出的邮件，因此时常高估了邮件的急迫性。为了节省不必要的开支，在办理快递业务前，最好能做到三思而后行。这样，公司每年就会因此节省一笔不小的开支。

小公司话费节省的妙招

巨额的电话费用让每个公司都深感头痛。如果费用失控，会提高办公成本；如果控制过死，又会限制业务的联系，引起员工的不满。

一般来说，对电话费用进行控制是必要的，如果不加以控制，有的员工会将公司的电话当作免费电话来使用，漫无目的地用电话聊天，这样不仅增加了公司的支出，还会影响其他员工的正常工作和公司的正常业务通信往来。

对电话费的控制，不仅涉及公司的利益，也涉及每个员工的切身利益，因此，必须综合考虑，制定严密的规章制度，既要保证不影响公司的正常业务通信，也不能影响员工的工作情绪，还要避免引起公平问题方面的纠纷。

要控制话费，公司有必要制定话费制度，以约束、规范员工的话费行为。

在制定控制话费的制度时，不能简单地“一刀切”，也不能仓促草率。因为一旦制度制定不当，就会引起管理或控制上的纠纷，影响员工工作情绪和工作效率。一般而言，要制定一项切实可行的话费控制制度，要经过以下几个步骤：

（1）调查。公司有关部门对近期每个月的话费资料做详细调查，包括市话费、长途费所占的比例，工作时间及非工作时间电话费的所占份额。

（2）分析。根据调查结果进行分析，看合理的话费占比多少。比如，在非工作时间（加班除外）产生的话费大多是不合理的，可能是由于有些员工下班后逗留公司所产生的私话费用。

（3）区分。公司部门不同，职责不同，所使用的话费当然也不同。比如销售部门长话费和市话费均会比较多；而行政部门市话费可能多些。另外，部门经理的话费可能高些，而其他一般业务人员应该会低些，从事生产活动的人员的话费就应该更低。在分析的基础上要对不同情况进行区别对待，保证正常的业务联系不会因为话费控制而受到影响。

（4）制定制度。经过调查和分析，公司话费使用情况已经基本一目了然，下面要根据结果制定制度，以确保把电话费控制在一个合理的水平上。在制定制度时，一定要注意制度的可操作性，否则还是起不到控制话费的作用。

在刚开始控制话费时，可能会遇到员工的反对。这时最好召集专门的会议，由行政负责人对公司的话费支出情况、调查分析情况进行讲解，以获得员工的支持。另外，可以在制度中制定一些关于节省话费的奖励措施，以调动大家节省话费的积极性。

由于每个公司情况不同，控制话费的具体方法也有差别。以下方法可根据实际情况灵活运用：

（1）安装费用显示器，使每人都清楚自己的电话费支出情况。

（2）安装每隔2分30秒，便会自动发出哆咪嗦音乐的三分钟定时预报装置。

（3）充分利用公司内部的各种宣传工具，对经常打无用电话、长途电话的予以警告。

（4）将各部门的电话机放置在公共环境中，这样在打电话时是否闲聊就会被大家看得一清二楚，不自觉的人就会收敛很多。

召开高效会议，杜绝不必要的浪费

公司的任何一项工作都会伴随着一定的人力、物力以及时间的消耗，公司举行会议也是如此。日本有家公司为了控制开会成本，提高开会效率，每次开会都把一个醒目的会议成本分配表贴在黑板上。他们计算会议成本的公式是：

会议成本=每小时平均工资×3×2×开会人数×会议时间（小时）

以每小时平均工资的3倍计算，是因为劳动产值高于平均工资；乘2是因为参加会议要中断经常性工作，损失要以2倍来计算。与会人数越多，会议越长，会议成本就越高。

假设一个部门有10个人，平均时薪50元，每次开会1小时，那么一次开会成本就是50×3×2×10×1=3000元。如果每周都开一次会，一年有52周，所以一年的会议成本是3000×52=156000元。

然而很多时候，会议何止1小时？参会人员何止10个人？总结会、报告会、头脑风暴会……每周都有好几个会，每年的会议成本早就超出了156000元！

因此，如何降低会议预算，避免开会造成的浪费，提高开会效率就成为公司管理者的工作重心之一。对小公司管理者来说，应该如何节约时间和成本，最大限度地提高开会效率呢？

1. 确定会议有无必要

如果要讨论的问题时机尚不成熟，如果通过电话或者电子邮件就可解决问题，如果对议题分析有重要作用的人无法到场，如果会议的成本大于解决问题带来的收益，那么就不应该召开会议。简言之，当不需要做出决策时，也没有任何头脑风暴要进行时，就应该取消会议。

当下面的一条或多个条件满足时，就必须召开会议：

（1）分享信息。当所有必需的信息并非为一个人所持有，当员工在一起时可以互相激发灵感，或者当哪些信息是必需的或有用的还不清楚时。

（2）达成一致。当员工们通过聚在一起讨论可以达成一致意见，并且问题的解决的的确确需要他们参与时。

（3）信息散播和反馈。许多人需要以相同的方式得到相同的信息时，电子邮件是有效的。但是，当实际问题并不仅限于散播，还要对反应进行估计，并进行“公开讨论”时，会议就会大有助益。

（4）问题解决。当需要各种方针或信息来完成复杂的任务或做出高质量的决策时，通过会议讨论要比一个人决策好得多。因此，在处理复杂问题时，需要召开会议，并通过头脑风暴来找出解决方法。

2. 确定会议目标

会议的目标因会议讨论的问题不同而有异。把期望会议产生的结果作为表述会议目标的出发点，并对会议的目标和期望结果进行明确的表述，将有助于做好会议其他方面的筹划工作。在召开会议时，这样做也有助于会议目标在组织内部得到充分的交流，使会议更加透明化，有助于将会议引导到便于进行讨论调控的轨道上来，最终有利于组织利益的实现。

3. 准备议程

（1）设定会议的起迄时间，如果需要的话，制定周密的会议日程表，并且严格遵循。

（2）预定会议室。包括确认会议室的环境，确认是否需要姓名牌、茶水、演示设备，等等。

（3）事先告知与会者会议议程。把召开会议的原因告诉他们，有必要的话可以事先散发关于会议的通知和相关材料，使与会者提前做好材料准备、发言准备等各项会议准备，这样会议中就可以做到有的放矢，提高会议效率。

4. 会议中控制

（1）控制时间。如果需要的话，指定专人来控制时间，明确说明每项内容的讨论时间，做到准时开会和散会。

（2）控制秩序。严格遵守会议规章制度。例如，要守时，要认真听其他人发言，不要随便打断发言人，在对他人的意见提出质疑时，要采取积极的态度。

（3）控制发言人。不要让与会议无关的人出席会议，保证每个参会人员都有事可做。指定一个主席主持会议，指定秘书做记录。如果某个发言人占用时间过长，应该给予提醒。

（4）控制会议进度。应注意引导发言人围绕议题谈话，保证会议切题。不要把会议变成对他人进行人身攻击的工具，否则整个会议气氛就会恶化，无谓地浪费大量的时间。

5. 会后总结

每开完一次会，管理者都应当对自己召开的会议做出评估，看是否开得划算、是否有成效；另外，会后要尽快编好会议纪要，下发给各个部门，确保从会议记录中能够明确会议制订的行动方案及其执行者；总结经验，分析这次会议的成功之处，为以后的工作提供指导意见；为杜绝与会者无故缺席、迟到、早退，应该将迟到、早退等情况通知本人，使其以后改正。

第七章

全员增效术，

让每一个员工产生价值

财务管理，不仅是管理者的事，财务人员的事，也是公司全体成员的事。利润的变动，成本的升降，效益的增减，都与员工的工作态度和工作效率有着不可分割的关系。员工“卖力”工作，工作效率高，公司的利润会增长，反之会下降。

小公司管理者要一手抓财务管理，一手抓员工管理，逐步实现成本管理由财务部门控制向全员控制的转变，强化员工的效率和执行意识，以推动公司利润的稳步增长。

实施全员成本控制，追求整体利益

在一个公司当中，每个部门、每个员工都是利润创造者，又都是成本控制者。成本管理不单纯是管理者和财务部门的事情，而是公司所有人员的事情。小公司管理者要让公司所有成员明确：不能只追求自身和部门的利益，而要追求整个公司的利益。

R公司是一家减价会员店，不断削减成本是该公司一贯奉行的原则和理念。为此，该减价会员店削减了中间商、售货员和多余的包装处理，用一切办法为自己和顾客降低成本，如果有哪一个顾客购买了大批量货物，那么该顾客就能从会员店这里得到很实惠的折扣价。这样一来，一个多赢的局面就在该公司、顾客与供应商之间形成了。

因为减少了产品的包装，给供应商减轻了很多负担，也少了很多不必要的人工成本，这样就使产品的价格大大降低了。如果供应商拒绝低价供货，就不购进其货物。因此，顾客在购买过程中始终有一种发现超低价商品的喜悦。可能顾客需要的商品并不总是有货，不过一旦有货，就非常划算。这种方式运作良好，使减价会员店根本没有存货费用。商品进行一次大量订货，一般几个星期就会销售一空。

每当进驻一个市场，该减价会员店就会将大量的会员卡销售给消费者和未来的顾客，销售会员卡所得来的这笔资金可以先用来支付会员店的建设费用，确保会员店可以低成本运营。

只要你有机会降低成本，就不要错过这次机会，不但不让你自己错过，也不要让你的员工错过。任何降低成本的措施都非常重要，只有将成本降到最低，出售的产品才最具有竞争力。因此，小公司应该树立全员的成本观念，让每位员工都应该拥有清楚的“成本意识”概念，包括降低经手的各项材料成本、人工成本、制造费用、营销费用，等等。

树立全员的成本观念，管理者就需要想方设法地培养员工的成本意识，使他们能够从老板的角度去思考问题。比如说，钱从哪里来？应该怎么用才能最节省？要让全体员工意识到成本控制的必要性和合理性，从而在日常工作中时刻牢记成本控制的准则，在工作过程中努力提高效率，减少时间和钱财上的浪费，自觉地为公司缩减成本。

只有当公司全体员工都树立起成本意识，在自己的工作岗位上切实把握好成本的控制，才能达到增强竞争力和扩大市场份额的目标，继而实现公司的预期利润。

大力强化员工的效率意识

单位时间内完不成相应的任务，就不能更好地体现本来或预期的价值。也就是说，只有高的员工效率才有可能产生高的公司利润。

那么，小公司管理者应该如何强化员工效率意识，增加公司利润呢？

1. 选择合适的人进行工作决策

在做工作决策时，应该把决策权交给有相当技术能力或业务能力的员工。一些员工由于技术或经验的欠缺，在进行决策时，会对工作进行错误的指导。如果方向错了，做再多的工作也没有意义。

2. 给员工思考的时间

公司在做一件事情之前，如果管理者没有认真地进行思考，这件事情就不会干得非常出色。员工的工作也是如此，如果管理者不给员工一些思考的时间，也很难让他们做好自己的工作。管理者要鼓励员工在工作时多动脑子，勤于思考。用大脑工作的员工肯定比懒于思考的员工有更好的工作成绩。

3. 共享工作成果

有时管理者会发现，自己做的工作可能是其他员工已经做过的。有时查找一些资料，辛辛苦苦查找到了，结果发现另一位员工以前已经查找过了，如果当初向他咨询，就不必费这么大的劲了。将员工的工作成果共享，是一个很重要的问题。管理者可以利用部门的办公例会让大家介绍各自的工作情况；另外，对一些工作资料要妥善分类和保管，这些都能达到工作成果共享的目的。

4. 让员工整体把握工作

让员工了解工作的全部情况，有助于员工对工作的整体把握。员工可以更好地将自己的工作与同事的工作协调一致。如果在工作中出现意外情况，员工还可以根据全局情况，做一些机动处理，从而提高工作的效率。

5. 强调工作结果

管理者在对员工进行表扬时，应该表扬其工作结果，而不是工作过程。有些员工工作很辛苦，管理者可以表扬他的这种精神，但并不能作为其他员工学习的榜样。否则，其他员工就可能会将原本简单的工作复杂化，甚至做一些表面文章，来显示自己的辛苦，获取表扬。从公司角度而言，公司更需要那些在工作中肯动脑子的员工。所以，公司应该鼓励员工用最简单的方法来达到自己的工作目标。总之，工作结果对公司才是真正有用的。

杜绝拖延、懈怠的不良风气

员工的拖延和懈怠会造成时间成本的增加，管理者必须对这类情况加以控制。

员工之所以无法按时完成工作，可能不是因为不懂得如何管理时间，而是一些心理因素导致的。要解决这类员工的问题，不是告诉他们如何有效率地运用时间，而是要了解他们内心的焦虑或是惧怕，设法帮助他们化解这些负面的情绪，这样才能真正地产生效果。

这些员工大致可以分为三类，小公司管理者可以把员工做出相应分类，对症下药，从而杜绝拖延、懈怠的风气：

1. 单枪匹马型

这类员工非常有纪律性，一般会要求自己一定要在规定的期限之前完成工作，甚至是大幅地提前完成。他们不喜欢团队合作，因为他们感觉团队里有太多不可控的因素，会让他们很没有安全感。他们的眼里永远只有自己，往往不顾他人的感受或是团队的需求。不喜欢混乱、不确定或是自己无法掌控的事情，但也因此缺乏弹性。很多时候提早完成工作的行为，也会引来同事的不满，认为这是他们用来邀功、拍马屁的计谋。

对于这类员工，管理者可以让他们直接面对内心那些混乱或不确定的惧怕。可以试着放权给他们，让他担任某个项目的负责人，学习怎样为他人着想、如何为别人承担责任，强化处理突发事件的应对能力或临时插入项目的临时处理能力，让他们变得更有弹性。

2. “大胃王”型

这种类型的员工对于别人的要求经常是来者不拒，因此严重耽误了自己的工作进度。这种类型的员工缺乏自信，希望能够做得更多，赢得别人的肯定和喜爱。结果每当进行跨部门的项目时，这类型的员工经常不懂得拒绝来自其他部门的要求，做了太多不是自己分内的工作。

对于该类型的员工，管理者必须时常注重这些人的工作情形。一旦发现上述的情形，一方面主动找其他们部门的负责人厘清彼此的工作职责；一方面让部属知道这样做是不必要的，他们有权拒绝这些不合理的要求，但不需要指责部属。另一方面，也应该多多给予鼓励或是赞美，增加他们的自信心，这样他们也不需要借由做得更多，来得到他人的肯定。

3. 力求完美型

这类员工总是追逐着心目中完美的目标，几乎没有哪项工作能够如期完成。而且他们认为追求完美是理所当然的，因此非常害怕被批评，因为他们认为这是对其个人的否定。所以一定要做到最好，才肯罢手。

管理者可以鼓励他们在完成工作之前，尽量和其他同事讨论，或随时随地做进度报告，请别人给予一些改进的建议。这样一方面让他们学会接受别人的意见，避免产生抗拒的心理。另一方面，也可以让他们及早做出调整，以免等到最后完成时，发现结果不符合要求，挫折感更大。

压一压逃避责任的歪风邪气

有些员工一直有逃避责任的作风，他们不知道寻找借口虽然可以一时推卸掉责任，但是却因影响了执行而给他人留下了不好的印象。这样下去工作能力自然得不到提高，长此以往，这类型员工的执行力也将大打折扣。管理者必须让员工明白：只有迎难而上，积极应对，认真分析问题，找出解决的方法，并坚定不移地执行下去，才是正确的工作态度。管理者可以让员工阅读一些相关的书籍，鼓励他们虚心向上司及有经验的同事请教，让员工在一次又一次的攻克难关的过程中，积累起丰富的实践经验，增强个人的执行力和自信心。

还有一些员工，为了逃避责任，在问题面前不做任何决定，事事请教上司。一旦出现差错，他就会理直气壮地说，是上司让我这么做的，言外之意他是服从领导、绝对执行的好员工，一切责任都应该由上司负责，至少也应该由上司负主要责任。对于这样的员工，管理者要点破这样一个事实：在其所谓的服从领导、绝对执行的背后，隐藏着能力低下和缺乏主动工作精神的问题。要让他们明白没有一个上司喜欢这样的员工。管理者应当鼓励员工有问题就问，对于员工的遇到的问题，要不厌其烦地指导他；但是当遇到同一问题重复请教时，就要进行批评教育。因为这样事事请教，也会浪费上司的时间和精力，打乱上司的工作安排，也会滋生逃避责任的风气。

当管理者遇到随意推卸责任的员工时，就要抓住这个典型，惩一儆百，压住这股逃避责任的邪气。让这样的员工为他们不负责任的行为付出沉重的代价。巴顿将军为此说过："自以为是而忘了自己责任的人，一文不值，遇到这种军官，我会马上调换他的职务。一个人一旦自以为是，不负责任，就会远离前线作战，这是一种典型的胆小鬼的表现。唯有负责任的人，才会为自己从事的事业心甘情愿地献身！"

逃避责任，会葬送一个公司。其实，一个人在工作中犯错是很正常的事情。工作一时出现差错并不可怕，可怕的是不敢承认错误，找借口推卸责任。一个人惧怕承担责任，就不会有勇气提高自己的工作能力，积极寻找解决问题的方法，从而改正错误并更好地完成任务。必须认识到，承认错误并改正错误，也是负责的表现。管理者要学会及时澄清一汪浊水，压住逃避责任的风气。

为每个员工确立工作指标

人在无压力的情况下，很容易放纵自己，因此，确立指标是极其重要的。小公司管理者要知道如何给下属员工下达指标。指标确定了，才能指导未来的具体行动。

1. 指标的确立应遵循以下6个原则

（1）明确。指标必须是清楚、直接、可定义的。

（2）具体而详尽。指标都应该是详细具体的。华而不实的指标不能产生最佳的工作成绩。只有具体指出行动的内容，才能获得较高的业绩。如果你吩咐自己的下属“尽力去做”某件事情的话，那么他们根本不清楚自己到底要做些什么。应该从成本、时间、质量等各方面综合考虑，对实施过程中的每一个细节都要做到具体而详尽，

（3）可衡量。指标必须可以衡量，可以评估员工的工作完成情况。

（4）适合。一般来说，较好的激励目标应具有一定的挑战性。这对员工是一种鼓舞，但同时也是一种压力。但指标的制定一定要与员工的实际能力和个人情况相适合，这点非常重要。否则，不但员工无法完成任务，还会挫伤其积极性，有些员工甚至会玩手段欺骗领导。要解决这个问题，管理者平常就要和下属多进行沟通，因为指标的实施和员工的年龄、工作经验、潜力、责任心等都息息相关。但只有谈话是不够的，管理者还要搞清楚下属员工的能力，并据此为他们制定适合的工作标准。以目前员工的努力标准来看，已具备了多大销售能力或者是生产、处理其他业务的能力？这叫标准工作量。如果稍微施加压力，还能达到什么水准？这是增加的工作量。通过制定和下达指标对下属施加适当的压力，主要是要看一下他们到底能承受多少压力，注意不能把压力增大到超出他们的承受范围。

此外，要注意搜集有关员工工作现状和工作能力的资料，对于市场和设备的状况等，都要能了如指掌。只有这样才能更好地把握需要给下属施加多大的压力。

（5）现实。指标必须有挑战性但是可以实现，80%的指标是明显可以完成的，20%需要特别努力才可以完成。指标既不能过高，也不宜过低。指标过低，员工就会变得很懒散，做事情时但求敷衍了事，工作水平也会极其低下。这种指标一般不能充分发挥员工的能力，他们不会竭尽全力完成自己的

工作，因为他们认为已经完成了别人对自己的期待。你不可能制定了一个很低的指标后，又希望员工会有让人惊喜的表现。而如果指标过高，员工会产生挫折感，工作水平也同样会变低。只有现实可行的指标，才能达到更高的业绩水平。

（6）时间限制。指标的完成必须有一定时间限制（通常是一年），设立指标的人和完成指标的人要有紧迫性。

2. 制定适合自己的好指标

按照以下6个步骤来制定指标通常可以获得很好的效果：

（1）理解公司的整体目标。

（2）制定符合上述6个原则的指标。

（3）确认可能碰到的问题以及完成指标所需的资源。

（4）列出实现指标所需的技能和授权。

（5）制定指标的时候，一定要和相关部门提前沟通。

（6）防止指标滞留在中层不往下分解。

3. 制定指标的注意事项

（1）指标一定要写下来，使之程序化。

（2）在完成指标的计划没想出来之前不要随意设立指标。

（3）让指标充满乐趣。

（4）不要等到指标设立的最后时间再去回顾进展，要随时非正式地回顾。

（5）将个人指标与公司指标挂钩。把个人指标与公司指标间的直接关系准确、精炼地描述出来，是一件很必要的事。个体应该看到怎样取得成就与提高工作效率会有助于推动公司指标的完成。同时，也有必要去了解公司将会提供怎样的报酬予以补偿，以便帮助个体实现自己的指标。这能使员工自觉地从关心自身利益变为关心公司利益，从而提高影响个人激励水平的效果。

（6）要善于把指标展现在员工眼前。在制定指标时，别忘了把公司外部的需要和利益，以及公司指标的实现将给他们带来什么好处明白地告诉员工。

（7）跟进和设立指标同样重要，经常并勤奋地跟进雇员的指标。

（8）完成指标最主要的回报是自我满足，别忘了给完成指标的员工以回报，包括财务报酬和公开表扬。

（9）如果理由合理，中途改变指标也是可以的。

（10）指标完不成时，可以时不时地改变指标，但是指标不能经常完不成。

用合理的人才消费来降低成本

人才消费要防止各种极端倾向，尤其要防止那些贬低甚至阻碍人才使用的极端倾向。

一段时间以来，高学历人才消费在公司中呈某种“虚热”态势：不论什么工作岗位招人都一定要博士、硕士……

高学历不等于高能力，但也不意味着“高学历等于低能力”，更不意味着“低学历等于高能力”，是否“有能力”，是要靠实践说话的。

那么公司怎样才能使人才消费合理化呢?

1. 强调因才施用，人尽其才

要把最佳的员工安排到最合适的位置上，使之发挥最大的才能。一棵参天大树，应是顶梁之材，如果用作木桩之类的东西，那岂不浪费? 因此，因材施用，人尽其才，使人才的消费合理化，是小公司应认真对待的问题。

松下电器公司认为，人员的雇用，以适用公司的程度为好，程度过高，不见得一定有用，只要人品好，肯干，能吃苦，技术和经验是可以学到的，即所谓劳动成果=能力×热忱（干劲）。这种“因材施用”的用人观念，可谓精明至极。如果松下聘用的都是清一色的高级人才，那么，自然会加大其人力资源管理成本，而且还不一定就能发挥绩效；而“因材施用”，既能保证公司的正常运作，又能节省人力资源的成本，何乐而不为?

2. 人才的配置要合理，人事要协调

一个公司如果高级专业人才济济一堂，而无中级的或初级的人才，那未必是好事，或者直白地说就是人力资源的浪费。

不一定每个职位都要选择精明能干的人来担任。

三个能力强、智慧高的企业家合资创办一家公司，并且分别担任会长、社长和常务董事的职位，一般人都以为这家公司一定会欣欣向荣，但没想到却不断地亏损，让人觉得不可思议。最后，这家公司的社长退役，改到别家公司去投资。有人猜测，这家亏损的公司再经过这一番撤资打击之后，一定非垮不可。没想到在会长和常务董事的齐心努力下，竟然发挥了公司最大的生产力，在短期内就使生产和销售总额都达到了原来的两倍，不但弥补了几年来的亏损，并且连连创造相当高的利润。

这个案例说明：节省劳动力资源，节省人力资源管理成本，并非削弱公司的实力。如果人才配置合理，人事安排协调，做到人才消费的合理化，同样能够增强公司的发展潜力。

防止出现“不拉马的士兵”现象

在管理界，“不拉马的士兵”这一案例流传久远。

一位年轻有为的炮兵军官上任伊始，到下属部队参观炮团演习，他发现有一个班的11个人把大炮安装好，每个人各就各位，但其中有一个人站在旁边一动不动，直到整个演练结束，这个人也没有做任何事。军官感到奇怪：“这个人没做任何动作，也没什么事情，他是干什么的？”大家一愣，说：“原来在作训教材里就是讲这样编队的，一个炮班11个人，其中一个人站在这个地方。我们也不知道为什么。”军官回去后反复查阅军事文献，终于发现这一由来：原来，早期的大炮是用马拉的，炮车到了战场上，大炮一响，马就要跳就要跑，一个士兵就负责拉马。到了现代战争，大炮实现了机械化运输，不再用马拉，而那个士兵却没有被减掉，仍旧站在那里。

在现代公司中，同样存在着一些“不拉马的士兵”，如果公司自身没有意识到，并仍然遵循原来的模式运作，就会使一些人力、物资出现“不拉马”的现象。一个有着众多“不拉马的士兵”的公司的竞争力势必薄弱。那么，小公司如何防止“不拉马的士兵”现象出现呢？

1. 改善公司的生产程序

“人得其事，事得其人；人尽其才，事尽其功。”在每一个公司中，完美的组织结构设计和合理运作的目标就是这十六字方针。作为公司管理者，要有系统的观念，在实施改编时不能忽略工作流程的调整，从而发现哪些工作已经不再需要或者工作流程的哪些环节已发生了变化。譬如，线上生产型体较多，在转换型体时，应马上考虑到人员是否需要调配，哪些工序为瓶颈，应调配多些人员，确保生产顺利进行；哪些工序暂不需人手的，应立即调配到有需要之工位上。这样，也可以杜绝“不拉马的士兵”的出现。

2. 调动部门负责人的积极性，使管理参与分配

管理能力作为一种人力资本，具有非激励难以调度的特征，所以必须给相应的管理能力以相应的报酬，才能激励管理到位，才能充分发挥人力资本尤其是公司管理层这一稀缺性资源的作用，才能在最大程度上克服由此造成的人力资本“短边效应”。作为公司管理者，要给基层部门负责人以特权和奖励。只有这样才能广开言路，让真正敢于说话，敢于发现“不拉马的士兵”的人发现问题，以便及时解决，及时避免人力资源的浪费。

3. 调动员工的积极性，要激活员工的潜能。

管理者应充分调动基层员工的积极性，让他们发挥出自己的潜能来，使他们的价值充分得到发挥和为公司所用。要要求全体员工都能树立创造价值的观念，并实行一定的奖励措施和鼓励制度，让那些发现和创造价值的员工勇于表达自己的意见和点子。只有这样，才能让员工形成“以团队荣誉为重”的良好团队工作氛围，才能使“人与人的合作绝不是简单的‘1＋1＝2’的过程”。

4. 要善于沟通

任何公司都会不同程度地存在沟通不到位的问题，这一问题解决不好，就会大大影响公司的效率。沟通是管理的基础，是了解情况的措施，管理者只有善于沟通，才能有利于减少“不拉马”现象的发生。良好的沟通能让下属和员工感觉到公司对自己的尊重和信任，从而产生极大的责任感、认同感和归属感，促使员工以强烈的责任心和奉献精神为公司工作。

5. 公司需要数字化

公司数字化可以提高管理效率，能够及时发现和回避“不拉马”现象，这有利于公司管理的进步和优化。除了能节省成本，数字化还能够使公司更深入地了解自己的顾客，它们通过资料收集和资料分析与每个顾客发展成学习型关系，因此更能够感知到顾客的需求并向他们推荐其他产品和推动顾客对产品的升级。

在发现“不拉马的士兵”之后，公司管理者可以通过沟通，在不影响士气的情况下，对他们的职责进行重新定位，帮助那些原来拉马的士兵适应新的岗位和工作，从而实现组织运作效率的优化，拥有精干、高效的人力资源。

将执行的意识植入员工的大脑

缺乏执行力是大多数公司所面临的基本问题。最普遍存在于公司的执行力弱的现象有：制度如虚设；执行无监督；对分配任务缺乏“必须无条件执行”的意识，等等。

制订制度并不难，难的是严格准确地执行它；分配任务并不难，难的是如何根据任务的阶段性有效地去监督它。在中国公司，尤其是小公司，最普遍碰到的就是当管理者下达任务之后，接受任务的人总会有很多的理由在等着。让业务部门去卖水，业务人员可能会提出黄金更好卖些；你让行政部门去做A事情，行政人员可能会对你说目前还有B事情、C事情、D事情等着他做。诸如此类的理由推托搪塞、不执行任务的现象时时可见，使得领导安排的工作不能顺利开展，团队的绩效受到破坏，公司的效率大大降低。

要杜绝上述现象，管理者就要强化执行力度，坚持“无条件执行”原则，让“无条件执行”成为公司文化中的一个重要内容。强化执行力，小公司管理者可从以下几方面抓起：

1．强化员工的执行意识

管理者应强化员工的执行意识，让每一位员工明白：只有坚决地执行才能实现团队的目标，才能更好地完成上级交给自己的任务，才能造就一支高效率、富有战斗力和竞争力的队伍，才能使公司立于不败之地。只有公司获得了发展，个人才能够获得同步的提高，获得人生的成功。

2．建立执行奖惩机制

对不认真执行甚至不执行的员工，要分清他们的责任，核定损失和影响，坚决查处。尤其是对那些“上有政策，下有对策”、弄虚作假的员工要加重处置，以维护制度的严肃性和约束力。同时要把处理情况在公司内部进行通报，起到教育惩戒作用。对执行良好的员工，要给予表扬和奖励，以此在公司中营造执行的良好风气，刺激和推动其他员工自觉地去执行上级安排的任务。

3．管理者要起到执行表率作用

“领导”的职责无非两条，一个是“领”，就是要率先垂范，以身作则，不搞特权，充分发挥领导的模范和带头作用。一个是“导”，就是要把握方向和大局，及时解决遇到的各种矛盾和问题，纠正出现的偏差和错误，积极引导广大员工朝着正确的方向前进，促进公司的发展。作为小公司的领导，管理者一定要以身作则，对所负责的事情一定要坚定不移地执行到底，不能因为遇到困难就止步不前，为员工做好执行的表率。要通过自身的表率作用，教育员工培养自己的执行意识，提高执行力。

留住人才，防止财富外溢

员工辞职离开公司，尤其是核心员工离开公司，对公司会是一种损失，严重的还会影响到公司的运营。

人才流失对公司成本的损害表现在以下几个方面：

1. 人才流失增加的公司经营成本

（1）员工招聘成本。包括招聘准备工作、筛选简历、面试成本，录用准备成本，办理录用手续等成本。

（2）培训成本。包括场地、设备等在培训活动中所需的费用，以及学员培训期间的工资、教材、交通、饮食，因培训而减少的工作时间。岗前培训准备，培训资料，培训管理成本，等等。

（3）内部员工填补空缺成本。包括需要额外加班的成本、主管人才协调完成空缺岗位工作的成本等；外聘人才填补空缺成本，包括员工招聘成本和培训成本的总和。

（4）生产率损失成本。包括离职前的生产率降低和由于因员工空缺造成的生产率降低，以及新员工适应期间的生产率低下等损耗。

（5）各种薪酬福利待遇支出成本及其他不可估量的损失成本。

2. 人才流失造成公司后备力量不足的成本

如果离职的是掌握较高技能的员工，那么，在很长时期内可能后继无人。因为这些技能的掌握需要较长的学习时间和实践经验。后备力量不足会直接影响到公司的发展能力和组织建设。

3. 人才流失造成公司核心机密泄露的成本

包括技术的泄密、客户资源的流失、经营管理思想的再利用，等等。一旦发生人才流失，带给科技公司的将是极大的损失，尤其是当这些知识型员工跳槽到竞争对手公司或另起炉灶时，科技公司将面临巨大的竞争压力。

4. 人才流失造成公司名声被破坏的成本

一个员工主动离开一个公司，或多或少都会对公司存在一定程度的不满，他们在对外的交往中，可能自觉或不自觉地表露不利于公司的言论，损害公司的声望。另外，公司内外人才会对公司的这种现象有些猜忌和传言。这些评价、猜忌和传言会逐渐破坏公司名声。人们在选择加入公司时，总能会打听到关于公司的一些情况，这使公司面临着很难再次招聘到合适人才的尴尬局面。

留住人才是一种成本的节约，也是在创造价值。对小公司来说，怎样才能留住人才，避免人才流失？以下是一些留才法则：

（1）机制留才。公司的用人机制、晋升机制、薪酬机制、评估机制要合理公正。

（2）成长留才。管理者要对员工经常指导和栽培，使其得到能力上的发展。

（3）高薪留才。大多数员工往往会用薪酬来判断自己在公司的地位和价值，对于表现出色的员工经常给一些额外报酬、红利，会起到很好的作用。

（4）感情留才。感情投资最具有潜移默化的感恩效果，最佳时机是员工最困难、最需要帮助的时候。

（5）人际留才。营造一个良好的人际环境有助于留下公司需要的人才。

（6）福利留才。硬性福利包括：医疗保健、文化娱乐、图书报刊、电话通信，等等。软性福利包括：社会保险、住房公积金、子女教育基金、年终奖金、节假日补贴、进修学习、带薪休假、旅游计划，等等。

（7）文化留才。良好的公司文化有着大家认可的价值体系、道德观念、公司运行准则。公司营造良好的文化氛围，可以在一定程度上锁住员工不安的心。

聘用兼职员工，以收一箭双雕之效

英国管理大师查尔斯•汉迪在《工作与生活的未来》一书中提出，未来的组织都会是“三叶草组织”，其中的一片叶子是指“灵活性的劳动力”，即那些兼职工或临时工。他甚至预言，2000年以后灵活性的劳动力将占所有劳动力人数的一半。如今，这一预言在西欧已渐渐成为现实，但大多数中国公司似乎还不习惯于大规模聘用“灵活性的劳动力”。这其中当然有多方面的原因，比如，使用兼职员工会让人觉得管理不够规范，会增加管理的难度等。这些问题确实存在，但不能就此否定使用兼职员工的意义。在经济环境恶化、竞争加剧、经营成本加大的今天，公司有必要认真地考虑去任用兼职员工，以增强经营的灵活性，减少运营成本，提高公司效率。对于小公司来说，更应当考虑到这一点。

小公司任用兼职员工有显著的优点：招聘比较容易，用工灵活；人力成本较低；如果遇到全职员工在短期内无法招聘到位的情况下，兼职员工可以解燃眉之急；可以作为未来的人力储备；等等。

但是，也应当看到，使用兼职员工也存在一些不利的因素。

（1）兼职员工一般稳定性差，短工意识明显，他们一般不会把主要精力放在兼职上。一旦出于其他目标或工作的需要，他们就可能放弃兼职工作。

（2）大多兼职员工获得这份工作的目的并非要在该公司有所发展，而是对公司提供的报酬感兴趣。其目的很明确，就是我付出劳动，你给我报酬。由于兼职员工的目的就是未来获得报酬，因而一旦面临更大的诱惑，或者公司面临困难，这些兼职员工往往是会马上离开公司。

（3）工作保密性差。相对公司的全职员工，兼职员工的忠诚度不容易保证，如果将公司涉及机密性的工作交付他们，泄密的可能性较大，会给公司的经营带来风险。

正因为兼职员工与公司之间存在很多不确定性因素，所以给管理带来了一定的难度。针对兼职员工的特点，小公司在管理中应该如何去做呢？

1. 了解兼职员工的背景和实力

不要因为不是本公司的员工就放松背景调查。如果兼职员工是高级管理或技术人才，更要做好相应的背景调查。在聘用兼职员工之前，一定要做好相关的实力调研，别因为兼职员工的不专业、业务不熟练而耽误了公司业务的正常进展，以致付出较高的用工成本。

2. 明确兼职工作内容

在邀请兼职员工来做事情的时候，一定要提前安排好相关的工作内容，不要兼职员工招聘来了，但是没有任何的工作内容，或者工作目标，这样就浪费了兼职员工的雇佣成本。

3. 坚持量化兼职工作原则

对于兼职工作人员来说，一般都是按照时间来付费，因此，必须将他们的工作内容按照量化的标准，达到了这样的标准之后，才算符合公司的兼职工作需求。

4. 加强对兼职员工业务上的指导

大部分兼职员工都没有业务上的经验，应该加强对他们的业务培训，同时在第一次将工作任务交给他们时，应该将要求明确地说清楚，让兼职员工清晰地知道他们应该做的工作程序以及工作内容、工作质量考核标准。

5. 定期地检查兼职工作质量

兼职员工的工作毕竟是短期的，因此需要在此期间做好相关的工作质量的监督与评估，对于不合格的工作，要予以返工，督促兼职员工进行修改、完善，以确保工作质量。

6. 不委派重要的核心工作

这是由兼职员工的稳定性差、忠诚度低决定的。一般不宜让兼职员工参与公司重要的核心工作或机密的、不宜为外界所知的工作。

7. 将利益明确化

必须将公司所应给予兼职员工的利益明确化，不宜承诺给予不明确的未来期望收入。这样兼职员工就会很明确地知道自己将会得到的收入，减少以后发生纠纷的可能性，也会大大减少兼职员工的不满情绪。

8. 制定兼职协议

虽然是兼职员工，没有必要签订正式的合同，但是关于双方的协议还是有必要签订的，这样会显得比较正规，对于兼职员工也会留下一个很好的印象，以避免双方失信。

聘用兼职会计打理公司财务

目前，为保障税收收入，维护税收秩序，促进依法纳税，税务机关会代表国家依法对纳税人的纳税情况进行税务稽查。由于任何公司都需要面临着国税和地税两个税务机关的稽查，而且税务稽查是具有可追溯性的，就是说税务机关可以稽查公司以往年度的账务，并追究责任。

因此公司需要聘用高素质的会计人员，既要熟悉会计准则，又要精通税法，还要业务熟练。随着民营公司的不断发展，对会计专业人才的需求量也越来越大，然而由于专业知识丰富且业务技能娴熟的会计人员比较缺乏，公司招聘专职人员有一定的难度，加上公司多从节约工资费用的角度考虑，致使一人在多个公司记账的“兼职会计”现象日益增多，兼职会计应运而生。

为了节省人力和成本费用的支出，小公司也可考虑聘用兼职会计来承担公司的账务处理工作，打理公司的财务。聘用兼职会计，需要对其工作经历和个人诚信度进行调查，以免招进信誉差、人品不端的人，给公司造成损害。选择好兼职会计后，要与其签订合同或协议，明确其薪金待遇和岗位职责。

一般来说，兼职会计需要承担的岗位职责如下：

（1）编制和维护公司的总账和明细账，及时准确地记录公司业务往来。

（2）向公司管理者提交内部财务管理报告。

（3）进行账务处理，整理错账、乱账，核算成本，管理固定资产。

（4）向政府有关管理部门提交报表，缴纳各种税费。

（5）审核和录入内部各类会计凭单，协助财务主管进行预算控制。

（6）办理报账、年检，协调处理与工商税务机关的事项。

（7）协助主管与政府、金融等部门建立工作联系。

（8）持证上岗，严格遵守会计法，按会计制度进行账务处理。

（9）财务核算做到正确及时，凭证要素合法、会签手续齐全。

兼职会计与一般财务会计工作人员的不同在于兼职会计的工作时间比较灵活,不用每天按时到岗,只需要每个月抽出一定的时间来处理所负责公司的财务业务即可,相对一般财务会计人员,工作自由度比较大,灵活性较强。对于个人和公司来说，可谓各取所需，互相方便。在聘用兼职会计时，公司还需要注意以下两点：

（1）兼职会计费用不是越贵越好。先让我们分析一下。一名十分熟练的会计完成一家小规模公司的查账征收的时间是多少？1.5小时左右。如果是一名高级财务人员，完成需要多少时间呢？0.5小时左右。兼职会计费用如何核算由此可以确定。比如同样200元的费用，一般会计可能需要花1.5小时去创造，而一个高级财务人员只要0.5小时去创造。所以同样两个兼职会计，一个是200元（高级财务人员0.5小时结束），另一个是300元（一般会计1.5小时结束）。那么看看他们的劳动报酬：高级财务人员400元/小时，一般会计200元/小时。所以兼职会计费用并不是越便宜越好，便宜有时是其技术还达不到要求，其成本控制较差而导致的。

（2）兼职会计不是越老经验越丰富。会计这行就是入门难，很多会计入门时候就先天存在理论知识不扎实的弱点，做账无法融会贯通，同样问题换了一家公司就不知道所以然了。正是因为不重视理论知识，所以很多50多岁的老兼职会计做出的账还不如一个刚毕业工作一两年的年轻兼职会计。就目前情况来看，整个财会行业的会计从业人员的教育水平不高，使得年轻会计水平比老会计还高的事例屡见不鲜。因此，公司在聘用兼职会计时，不应过于考虑对方年龄，应主要看其业务技能是否扎实和熟练。

第八章

节税有法，

利国利民利公司

订计划，编预算，抓现金，追利润，砍成本，堵浪费，倡节约……经过一系列财务环节上的“过关斩将”，你总算可以松一口气，感到高枕无忧了！且慢，还要把好最后一道关——税收。

乱花渐欲迷人眼，面对大大小小的税目，小公司管理者要把国家、行业的相关税收政策吃透，掌握必要的节税、避税技巧，以获取最大的税收利益。税务理财，小公司大有作为。

只会赚钱不懂节税会吃闷亏

公司创办以后，碰到的问题很多，但最让管理者感到困扰和不好处理的就是税务的问题。这方面如果不善于处理，公司经营时间越长，所面临的困扰也就越多。

不少管理者曾经为了税务问题向他人咨询，他们经营事业皆有好几年，而且都经营得很成功，唯一的共同困扰都来自税务问题；很少人在刚开始创业时就考虑税务问题，显然他们对于税务问题的预防工作都不太重视。

大多数的管理者都是在一股冲动的意念下开始创办公司的，所以满脑子想的都是赚钱时的快乐，而忽略了赚钱时也有痛苦的一面——税务问题即其中之一。

许多管理者对于撰写探讨赚钱的书，差不多每本都买来看，但有关谈论税务的著作，他们却一本也不想看，似乎每个人都认为这与自己毫无瓜葛——直至税务出了问题为止！

经常可以听到有人抱怨：“我这样尽心尽力，公司还是出现了这样或那样的问题，究竟是为什么？”或许这是因为“只会赚钱，不懂得节税”所致！

创办公司前，总是担心赚不到钱，赚了钱后，却又担心盈余会被刮走。既是如此，何不在赚钱时也花点工夫去研究节税之道呢？

对于管理者来说，创办公司前搞清楚国家及当地的税收政策很重要。依法纳税既是每个公司应尽的义务，又是各种经营活动能够正常进行的保障，同时，根据不同情况公司还可以享受到不同的税收优惠政策。如果细究起来，其中有很多学问可讲。如果管理者能掌握一些税务资讯以及相关运用技巧，便可以轻轻松松地在公司经营过程中节省下一笔可观的费用。

在现实的小公司中，在遵守法律的情况下，也常常有多种税收负担高低不一的纳税方案可以选择。作为小公司的管理者，在确定经营计划和项目之前，应该对国家、行业的税收政策做一番尽可能详尽的了解。既不要因违规而“走麦城”，也不要做“冤大头”。管理者不但要有创业的勇气，还应把国家、行业的相关税收政策吃透。

公司创办初期急需资金积累，国家税务部门对此有不少优惠政策，比如高新技术企业可免2年所得税、下岗人员个体经营可免3年营业税等。利用好这些政策，可增加公司收益。

创业办公司是一种激情，更是一次艰难的白手起家。一个精明的管理者应该在公司创办之前就考虑好如何节约税收的问题。

◤ 税务筹划得好，公司钱财少不了

税务筹划也称节税，是纳税人在法律许可的范围内，通过对经营、投资、理财等事项的事先安排和策划，以充分利用税法所提供的包括减免税在内的一切优惠，从而获取最大的税收利益。

公司税务筹划会产生多重效应，对公司而言主要是促使公司精打细算，增强公司投资、经营、理财的预测、决策能力和准确度，提高自身的经济效益和经营管理水平，壮大公司实力和竞争力。

在现代市场经济形势下，以最小的投入获取最大的收益，是每个公司从事其生产经营活动的直接动机和最终目的。等量的资本投入，投资成本越低，投资收益就越高；等量的营运资本，营业成本越高，营业利润就越低。

决定公司生产经营成本高低的因素很多，税收是其中一个重要的决定因素。在当今世界各国普遍实行的多种税、多次征收复税制的税收环境中，流转税的高低直接影响到公司营业成本的大小；所得税的多少直接影响到公司投资成本的高低。

就单个的生产经营者而言，税收的无偿性决定了其税款的支付是公司资金的净流出，没有与之直接相配比的收入项目。从这一角度看，公司运用税务筹划所节约的税收支付等于直接增加了公司的净收益，与降低其他成本项目具有同等重要的经济意义。

在市场经济条件下，追求经济利益是公司经营的根本准则。公司通过精打细算，在税法允许的范围内降低自身的税收费用，从而增大自身的经营净收利益和经济实力。

总体而言，公司税务筹划一般会使公司达到节约税款支出的目的。

◤ 小公司管理者要具备节税意识

公司为减轻自身税负，获取经济利益，首先应该想到的是应用税务筹划。而管理者是公司税务筹划的决策者，其所具备的节税意识是税务筹划取得成功的重要因素。对于刚刚起步的小公司管理者来说，要率先树立起节税意识。主要包括：

1. 优惠节税意识

所谓优惠节税意识，是指管理者要具有充分利用国家税收优惠政策的意识。

税收优惠政策是国家为了一定的目的，对某些公司和征税对象给予鼓励和照顾的一种特殊规定。对于管理者来说，应该积极地利用税收优惠政策。因为，税收优惠政策是国家明文规定的，具有很强的可操作性，运用税收优惠政策进行合理节税、避税，其成本是最小的，受益也是最大的。这种节税既不会成为税务机关的缉查对象，又符合国家意图，还可以减轻自身税负，一举三得，何乐而不为呢？

2. 弹性节税意识

所谓弹性节税意识，是指管理者在进行经济活动时，要具有利用税法弹性进行合理节税、避税的意识。

弹性节税是指利用税法构成要素中如税率、税额、优惠和惩罚性措施等存在一定的幅度而进行的合理节税、避税。当然，其前提是征得税务机关的同意。弹性节税是坚持一个总原则和三项分原则。一个总原则是增加利润，降低损失；三项分原则是：税率、税额最小，优惠最大，惩罚最小。同时，弹性节税要注意搞好和税务机关的关系。

3. 规避节税意识

所谓规避节税意识，是指管理者在进行经济活动时，要具有利用税法中关于某些临界点的规定进行合理节税、避税的意识。

临界点可分为税基临界点和优惠临界点两大类。例如，土地增值税中规定，纳税人建造普通标准住宅出售，增值额没有超过扣除项目金额的20%的，免征土地增值税；超过20%的，应就其全部增值额按照规定计征土地增值税。管理者可以利用20%这一临界点，将增值额控制在19%左右，从而规避应纳税额。

当然，在进行规避节税时，管理者一定要注意受益——成本比较。如果仅为了规避一点税款，而把自己限制在很小的规模，那就得不偿失了。

挖掘节税潜力，获取节税利益

税收筹划的目的是在法定范围内最大限度地减少公司的纳税支出并获取最大经营净收益。换言之，就是最大限度地挖掘节税潜力，获取节税利益。

节税利益一般是通过选择低税负的纳税方法和滞延纳税期这两条途径获

取的，具体而言，选择低税负的纳税方案又包括税收负担的规避和税收负担由高向低的转换。

以下从三个方面介绍公司获取节税利益的途径：

1．税收负担的规避

这是指公司把资本投向不负担税收或只负担轻税的地区、产业、行业或项目上。这样，公司就能在激烈的市场竞争中占据税收上的优势，以增强竞争实力和获取更高的资本回报率。要做到规避税收负担，就要求管理者熟知国家的税制中关于各项减免税优惠的具体规定，并结合公司自身情况进行周密安排。

2．税收负担从高向低的转换

这指就同一经营行为存在多种纳税方案可供选择时，公司就低避高，选择低税负纳税方案，以获取节税利益。例如，所得额的大小，即计税所得额越大，适用的边际税率越高。这样，公司可在税法规定的范围内，通过调整和平衡各纳税期的计税所得。调整计税所得的渠道很多，具体包括：有关收入、费用项目的确认期的选择；资本和金融资产持有期的选择；投资方式的选择，等等。

3．纳税期的滞延

这指公司在遵守税法的前提下，将有关应税项目的纳税期向后递延。一是递延公司在滞延期内取得一笔同税款相等的政府无息贷款，有利于公司资金周转，节约了公司的利息支出；二是在通货膨胀的环境中，延期缴纳的税款的币值不降，从而减少了实际纳税支出。

一些国家的税法特别规定了可以延期纳税，这一方面是为了平衡公司在不同纳税期的税收负担，比如，公司在某一纳税期所得过高，有可能被允许将它平均分散到以后若干期之内去计税和纳税，或者是对取得高所得年度应纳的税款采取分期缴纳的方式；另一方面，递延纳税的规定也是政府利用税收杠杆调节公司经济行为的一种手段。比如，政府为了促进投资，允许公司对其营业财产采用初期折旧或者自由折旧方法，这样就可以减少高折旧年度的应税所得，从而产生延期纳税。

另外，在《税法》未制定专门的支付条款的情况下，公司可利用《税法》本身未规定有关条款而实行延期纳税。

小公司要利用经营形态节税

一般从事公司经营，首先面临的问题，就是应该以何种组织形态来组建公司。现代公司的组织形式一般包括公司和合伙公司（包括个体经营公司）。公司又分为有限责任公司和股份有限公司。究竟以独资或合资经营为佳，还是以公司组织为佳，这是必须考虑税收因素的。

目前，许多国家对公司和合伙公司实行差别税制。公司的营业利润在公司运营环节征收公司所得税，税后利润作为股息分配给投资者，投资者还要交纳一项个人所得税。而合伙公司则一般不需缴纳公司所得税，国家仅就各个合伙人分得的收益征收个人所得税。管理者对公司组织形式的不同选择，其投资净收益也将产生差别。

不同组织形态的公司在税收方面有不同的优缺点，所以小公司管理者在设立公司时，很有必要在组织形态的选择上进行一番税收方面的筹划。

1. 人手少，以独资、合资为宜

独资及合资大抵均属使用统一发票的小规模营利事业（营业额每月在20万以下者），依照有关规定，可仅设置简易日记簿或进货簿。由于查定课征方式有偏低现象，从而营利事业所得税亦随之偏低，故在设账取证方面，独资及合资均比公司简便，但另一方面，依现行税制，独资及合资税后的余额，应直接归户作为独资或合资个人所得，予以课征个人所得税，其税负较公司为重，是独资或合资的缺点，这也是有人倡议两税合一的主要原因。所以，一般而言，规模小，人手少的，以独资或合资组织为宜。

2. 公司组织享有多项优惠

至于公司组织，就缺点而言，由于政府对公司组织管理较严，不论规模大小均须设置账簿，使用统一发票，其账务处理成本较高，但公司组织除了依《公司法》规定责任为“有限”外，可享受下列几项优惠。

（1）盈亏互抵。

公司组织的营利单位，会计账册簿据完备，依《企业所得税法》第十八条规定，前5年亏损，得准自本年纯益额扣除，再予课税，而独资及合资则无此优惠。

（2）利息的支付。

公司向股东借款所支付的利息，可列支利息，而独资及合资所借的款项，则不列支利息。

（3）转投资收益免税。

公司组织的营利单位，投资于国内其他非受免征营利事业所得待遇的股份有限公司者，其投资收益10%免课所得税，而独资及合资则无法享受这项优惠。

（4）保留盈余。

在不超过已收资本的二分之一限度内，保留盈余不予分配，而独资及合资的盈余则不能保留，须归独资或合资人的个人所得，课征个人所得税。

此外，就对外形象及信用而言，公司组织仍较独资、合资为佳。所以，稍具规模的公司，以公司组织形态经营为上策。

3. 股份有限公司有利税负

公司组织究竟以有限责任公司还是以股份有限公司为宜，就税收负担而言，应该以股份有限公司为佳，因为：

奖励投资条例所规定的各项税收减免，主要是以股份有限公司组织的生产事业为适用对象，公司以此组织形态经营，自可享受优惠待遇。

就股东而言，采取股份有限公司组织形态经营，因税负较其他种类为轻，故股东也能因而获得较多投资利益。

下面举个实例来对公司在税收上的待遇加以说明。

【案例】假设某投资者欲投资800万元，开一百货商店，预计每年盈利100万元，如果按合伙形式要征收投资者个人所得税，设个人所得税适用税率为30%，则该投资年后净收益为70万元（100−100x30%）。

如果该店为一家公司，则其盈利应先征公司所得税。设公司所得税税率为20%，税后利润80万元（100−100×20%）全部分给投资者，则该投资者还应交纳个人所得税24万元（80×30%），税后投资净收益为56万元。合伙形式比公司形式每年节约纳税支出14万元。

小公司要利用经营方式节税

因为国家税法本身规定的因素，公司在选择不同的经营方式时往往可以在税收方面获得不同的回报。

现代公司经营方式多种多样，根据不同标准可以区分为不同类别。依经营活动的地域范围，可分为国内经营与跨国经营；依经营管理的不同方式，可分为自营、联营、代理经营等；依经营过程的供销关系，可分为内向经营与外向经营；依经营业务的种类多寡，可分为单一经营与多种经营；依经营期限长短，可分为短期经营与长期经营；等等。

一般来说，公司的经营方式对投资方式存在较大的依存度，比如经营地点、经营行业、工业公司经营产品的品种等，一般都由投资行为决定，从而对该类项目的税务筹划，可以归结为相应的投资筹划。但是，并不是所有的经营行为都由投资行为决定。比如，在投资已定的情况下，公司采购、销售对象的选择、产量的控制等，都存在较大的活动余地。

无论是工业公司或商业公司，都需购进原材料或产品。有时，采购对象不同，公司负担的流转税额也存在差异。比如，我国现行增值税制依据公司经营规模和公司财务会计制度是否健全等标志分为一般纳税人和小规模纳税人。二者的税收待遇不同。一般纳税人销售货物可以开增值税专用发票，而小规模纳税人则一般不能开具增值税专用发票，只能开具普通发票。这样，当购买者为一般纳税人时，增值税进项税额可以得到抵扣。而当购买小规模纳税人的货物时，由于不能获取增值税专用发票，其进项税额在纳税时也得不到相应的抵扣，故增值税负较前者为重。

再如，商品货物的销售，内销和出口流转税负不同。按照国际惯例，出口商品在国内产制、流转等环节征收的流转税实行出口退税制度，全部退给出口商。例如，我国税法规定，对于某些出口商品的增值税实行零税率，也就是将出口商品在国内各环节已负担的增值税款在出口时全部退还给出口经销商，其目的是鼓励出口，增强本国产品在国际市场上的竞争力，而内销产品则要负担13%的价外税。尽管出口商品的国际市场价格有可能低于其国内市场价，只要其差幅达不到13%，对公司来说出口就较内销更有利可图。因此，对具备出口条件的商品，管理者应认真研究税收和汇率等各种因素，全面比较商品内销和出口的优劣，做出正确的销售决策。

另外，对于享受限期减免所得税优惠的新办公司，获利年度的确定也应作为公司税务筹划的一项内容。国家为鼓励在一些特定地区或行业举办新公司，一般规定新办公司获利初期享受限期减免所得税优惠。正常情况下，由于新公司产品初创，市场占有率相对较低、获利初期的利润水平也较低，因此，减免所得税给公司带来的利益也相对较小。为了充分享受所得税限期减免的优惠，公司可以通过适当控制投产初期产量及增大宣传、促销费用等方式，一方面推迟获利年度，另一方面提高产品知名度，提高潜在的市场占有率，以提高获利初期即减免税期的利润水平，从而获取更大的节税利益。

【案例】某高新技术产业开发试验区有一家生产生物制品的公司，国家规定其所得税税率为15%，且从获利年度开始第一年免税，第二、三年减半征税。该公司现已投产7年，第一年利润为零，第二、三、四、五、

六、七年分别实现利润10万元、20万元、24万元、30万元、35万元、40万元。该公司累计已交所得税款19.05万元（即20×15%÷2+24×15%÷2+30×15%+35×15%+40×15%）。如果该公司不享有减免税优惠，则其累计应纳税额为23.85万元（即10×15%+20×15%+24×15%+30×15%+35×15%+40×15%），该公司共获减免税优惠利益4.8万元（即23.85−19.05）。

【案例】承上例，其他条件不变，假设该公司通过适当控制第二、三、四年的产量并增大宣传费投入，使投产后前四年利润数均为零，从第五年开始获利，并假定第五、六、七年分别实现利润60万元、70万元、80万元，则该公司七年累计应交所得税11.25万元（即70×15%÷2+80×15%÷2）。在没有减免税优惠条件下，累计应交所得税额为31.5万元（即60×15%+70×15%+80×15%）。该公司共获减免税利益20.25万元（即31.5−11.25）。这样，该公司通过推迟获利年度和提高减税期利润水平，共节约所得税款15.45万元（20.25−4.8）。

小公司要利用增值税减免规定节税

利用增值税减免规定节税，首先要了解哪些项目免征增值税。

按照我国现行增值税暂行条例规定，下列项目免征增值税：

（1）农业生产者销售的自产农业产品（包括种植业、养殖业、林业、牧业和水产业生产的各种初级产品）。

（2）避孕药品和用具。

（3）古旧图书，是指向社会收购的古书和旧书。

（4）直接用于科学研究、科学试验和教学的进口仪器、设备。

（5）外国政府、国际组织无偿援助的进口物资和设备。

（6）来料加工、来件装配和补偿贸易所需进口的设备。

（7）由残疾人组织直接进口供残疾人专用的物品。

（8）个体经营者及其他个人销售的自己使用过的物品，指游艇、摩托车、汽车等应征消费税以外的货物。

（9）利用“三废”作原材料进行生产，取得的利润免税等。

此外，公司可以利用免税具体规定进行税务筹划。

（1）利用兼营业务。通过兼营免税、减税项目，应当单独核算免税、减税项目的销售额，以便获得节税；因为未单独核算销售额的，不得免税、减税。

（2）利用起征点节税。此项节税是由于税法规定，纳税人销售额未达到财政部的增值税起征点的，免征增值税。增值税起征点幅度如下：

销售货物的起征点为月销售额600~2000元。

销售应税劳务的起征点为月销售200～800元。

按次纳税的起征点为每次（日）销售额50~80元。

（3）减免税的计算。公司全部产品减税的计算如下。

①免税的计算。免税指国家免征公司“应交税金”。公司要照常计算应扣税金、销售项税金，进而算出应交税金，该“应交税金”即为免税税额。

②减税的计算。减税包括减率征收和减额征收。凡减率征收的产品，仍照常计算应扣税金，只是在结转销项税金时，按减征的税率计算销项税金。减率产品由于销项税金减少而使应交税金相应减少，这部分减征税金体现在

公司的利润中。减额征收，公司照常计算应扣税金、销项税金和应交税金，然后对应交税金减征一定数额，如果公司既生产减免税产品，同时又生产应税产品，由于应扣税金是按购进额计算的，难以按产品分开，因此，通常要按无税生产成本对应扣税金进行比例分摊。

小公司营业收入节税的技巧

公司的收入有营业收入及非营业收入。营业收入指在一定时期内公司销售商品或提供劳务所获得的货币收入，为公司收入的主要来源；非营业收入指与营业无关的其他收入或罕见的特殊收入。营业收入节税策略包括如下几点：

1. 营业收入

营业投入的节税规划有：一为收入“认列时点”（即销货收入实现点）的决定，二是收入计算方法的选择。一般销售收入，涉及收入“认列时点”的问题。分期付款销货及长期工程收益，则涉及收入计算方法的选择。销货时点的决定，或收入计算方法的选择，均影响所得税负的高低。

2. 销货收入

节税策略的重点在于销货时点的认定，一般而言，内销交易以“发货时”为识别标准，外销交易以“海关放行次日起10日内开立发票”为销货点的认列标准。公司为减少当年度收入，将上述的销货点延缓至次年度，即可达到目的。

此外，还应注意：

（1）避免销货价格偏低，以免被稽查机关按时价调整销货价格。

（2）有关销货退回及折让，均应取得凭证以免虚增收入。

（3）年度计算营业收入时，属预收货款的金额，均应予以减除，凡此均应加以注意。

3. 分期付款销货

分期付款销货损益的计算，有全部毛利法、毛利百分比法、差价摊计法及普通销货法等4种。上述计算的当期毛利各有不同。例如，某公司以销售电器制品为业，1999年分期付款收入4000万元，成本3000万元，毛利1000万元，毛利率为25%，当年度共收分期价款1600万元。另外以现销价格计算为3600万元。

采用全部毛利法，毛利为1000万元（4000万元−3000万元=1000万元）；采用毛利百分比法，毛利为400万元（1600万元×25%=400万元）；采用差价摊计法，毛利为760万元[（3600万元−3000万元）+1600万元×（4000万元−3600万元）÷4000万元=760万元]；采用普通销货法，毛利为600万元加上已实现的利息收入（按利息法另计当年度实现的利息收入）。

上述诸法中，采用毛利百分比法为最佳策略，因为此法可将分期付款销货的利益分摊于各收款年度，从而部分营利事业所得税可延期缴纳；采用差价摊计法或普通销货法，可将分期付款销货价格超过现金销货价格部分分摊于以后年度，也可以享受赋税延期利益，故属次之；采用全部毛利法，因分期付款销货的利益，全数列入当年所得课税，不能享受赋税期利益，故最为不利。

4. 长期工程收益

长期工程收益的计算方式有完工百分比法和全部完工法（工程完工期不

满12个月者可适用）两种，究竟采用何种方法为佳，就节税观点而言，采用全部完工法较为有利。

全部完工法于工程完工年度始须报缴营利事业所得税，故可获得缓缴税之利益，而完工百分比法则无此优点。

全部完工法可反映实际毛利，尤其在物价逐年上涨时，其成本及费用均因而大幅度增加，若采用完工百分比法则易造成前盈后亏的现象。

营利公司每年均不发生亏损时，宜采用全部完工法较有利，因采用全部完工法可享受延缓交纳及合并计算交纳、合并计算费用限额的利益。但营利公司若已有前五年盈亏互抵的条件，且开工前已有亏损，则以采用完工百分比法较有利。

5. 营业外收入

节税策略着重于公司资金的运用问题，也即设法增加免税收入及避免调整增加收入。

在增加免税收入方面可采用下列措施：

（1）剩余资金，不要存入银行，宜购买政府所发行的公债，因为依公债条例的规定，其收入免交所得税；

（2）在证券交易所得停征期间，运用资金购买股票，其交易所得也属免税。

在避免被调整增加收入方面，应注意税法的相关规定，如公司的资金无息贷给股东，或公司股东、董事、监察人代收公司款项，不要当期间纳税，均应按一年定期存款利息计算利息收入课税，凡此，应随时加以注意。

小公司所得节税的技巧

公司所得税是对我国内资公司和经营单位的生产经营所得和其他所得征收的一种税。公司所得包括销售货物所得、提供劳务所得、转让财产所得、股息红利所得、利息所得、租金所得、特许权使用费所得、接受捐赠所得和其他所得。

公司所得税的税率即据以计算公司所得税应纳税额的法定比率。

公司应纳所得税的计算公式如下：

公司应纳所得税额=当期应纳税所得额×适用税率

应纳税所得额=收入总额-准予扣除项目金额

国家原“公司所得税暂行条例”规定，公司所得税税率是33%，另有两档优惠税率，全年应纳税所得额3万~10万元的，税率为27%，应纳税所得额3万元以下的，税率为18%；特区和高新技术开发区的高新技术公司的税率为15%。外资公司所得税税率为30%，另有3%的地方所得税。

2008年国家公布新所得税法，规定一般公司所得税的税率为25%，内资公司和外资公司一致，国家需要重点扶持的高新技术公司为15%，小型微利公司为20%，非居民公司为20%。

2019年年初，国家对所得税法又进行了适当调整，大幅放宽可享受公司所得税优惠的小型微利公司标准，同时加大所得税优惠力度。对小型微利公司年应纳税所得额不超过100万元、100万元到300万元的部分，分别减按25%、50%计入应纳税所得额，使税负降至5%和10%。调整后优惠政策将覆盖95%以上的纳税公司，其中98%为民营公司。

此次调整引入超额累进计税办法，对年应纳税所得额不超过300万元的小型微利公司，按应纳税所得额分为两段计算。一是对年应纳税所得额不超过100万元的部分，减按25％计入应纳税所得额，并按20％的税率计算缴纳公司所得税，实际税负为5％；二是对年应纳税所得额超过100万元但不超过300万元的部分，减按50％计入应纳税所得额，并按20％的税率计算缴纳公司所得税，实际税负10％。

【案例】一个年应纳税所得额为300万元的公司，此前不在小型微利公司范围之内，需要按25％的法定税率缴纳公司所得税75万元（300×25％=75万元），按照新出台的优惠政策，如果其从业人数和资产总额符合条件，其仅需缴纳公司所得税25万元（100×25％×20％+200×50％×20％=25万元），所得税负担大幅减轻。

小公司应纳所得税的节税，可参照如下步骤进行：

（1）策划确定收入额，并尽可能将某些项目的收入排除在外。

（2）策划确定成本、费用、损失额，并尽可能将某些项目的成本、费用和损失包括在内。

（3）正确计算并确定公司利润总额，并尽可能缩小化。

（4）计算弥补以前年度亏损额，不超过5年弥补额越多，应纳税所得额越少，对节税越有利。

（5）计算应纳税所得额。

（6）计算境外税收抵免额，并尽可能多地抵免，抵免越多，应缴税额越少。

（7）计算应纳所得税额，并尽可能挂靠低档优惠税率，在应纳税所得额一定的条件下，税率越低，对节税越有利。

上述各步骤，一般结合公司的账簿进行，根据公司对收入、成本、费用、损失的处理方法，调整那些和税收规定相持的地方，即在公司账面利润的基础上调整与应纳税所得额的差额。这样，公司所得额的计算则转化为账面利润的调整问题。

应说明的是，调整账面利润，并不一定意味着公司账面必须进行调整。可以在申报应纳税所得额时，将账面利润加上（减去）差额即可。